部下・後輩から信頼される人へ成長するコツ33

笹田知弘
Tomohiro Sasada

クロスメディア・パブリッシング

はじめに

上司・先輩のみなさんへ

「配属ガチャ」という言葉が流行して、久しいですね。
　配属ガチャとは、入社予定の新入社員が、自身の配属先に対して抱く不安を表した言葉です。どこに配属されるかわからず、配属先によってはハズレになる可能性がある状態を、何が出てくるかわからないカプセルトイ（ガチャガチャ）になぞらえています。
　そんな「配属ガチャ」でアタリとされるのは、希望の部署や勤務地に配属された時や、上司や先輩に恵まれた場合です。反対に、望み通りの部署や勤務地に配属されなかったり、仕事内容は希望が叶っても、上司や先輩との折り合いが悪かったりすればハズレと認定されるようです。

　すでに働いている上司・先輩からすると、あまり気分のよい話ではないかもしれません。けれども、この本を手にとってくださったということは、みなさんには部下・後輩にとって「理想的な上司・先輩でありたい」という気持ちが、少なからずはあるのではないでしょうか。
　そんな前向きなみなさんに、本書では、上司・先輩にな

るなら知っておきたい33のメソッドをお伝えします。

　改めまして、私は株式会社シンミドウの笹田知弘と申します。社員向けの研修や人材採用のお手伝いを始めて、もう20年以上になります。

　当社は2001年に私ひとりで有限会社笹田経営としてスタートしてから、2008年に現在のシンミドウとなりました。1人目の社員採用から新卒採用をずっと続けながら、毎年社員をイチから育てているので、同じ中小企業の経営者には、よく驚かれます。

　その秘訣をまとめた、前著『入社1年目 上手くいく人へ成長するコツ33』は、たくさんの方からご反響の声をいただきました。

　前著では、いわゆる「ロジカルシンキング」や「フレームワーク」といった、世の中のビジネス書で取り上げられているような難しい公式には、まったく言及していません。発展的な内容というよりはむしろ、「『新入社員の1歩目』に徹底的に寄り添う実践ガイド」として、意外と見落としがちな「基本的なお作法」「大切にしたい心構え」を網羅するよう心がけました。ありがたいことに、多くの企業様で、研修などにご活用いただいています。

そのような中、ある人事担当者様から、こんなお声をいただきました。
「みんな、テクニックや応用的なことばかりに目を向けるけれど、本当は基礎の基礎をしっかり理解してもらうほうが大切なんです。それは、上司・先輩も同じなんですけどね」
　このお話を聞いた瞬間、私は思いました。「マネジメントに関する本は、世の中にたくさんあるけれど、先輩向けの本や教材って少ないのでは…？」

　企業によっては、係長や課長クラスになると「リーダー研修」「マネジメント研修」といった社員教育を設けているところも多いと思います。
　一方で「先輩になるための社員教育」は少ないのではないでしょうか。上司になるには、研修があったり、そもそも要件を満たしたりしなければなりません。しかし、先輩には、年次が上がるだけで、「自動的に」「何の準備もなく」「本人が望まなくとも」「誰もが」なってしまいます。先輩向けの教育があるどころか、多くの場合、会社から「先輩として、しっかり取り組んでね」という、ふわっとした抽象的なミッションだけが言い渡されます。
　その結果、何が起こるのでしょうか。「後輩には威厳を見せないといけない」と後輩に強い言葉を投げかけてしま

うパワハラ気味の先輩や、「優しく接しないと、すぐにやめられてしまうかも！？」と後輩に忖度する先輩といった、「残念な先輩」の量産です。これは、十分な教育の機会が得られないまま、若くして上司になった方にも同様の傾向があると思います。
「そんな上司・先輩のために、何か指針となるものができたら…」と思い、再び筆をとることにしました。

　本書では、以下の5つからなる章で、部下・後輩を迎え入れる前の心構えや、仕事の依頼の仕方といった基本的な内容を中心に、成長を促す方法までふれています。

「準備編」…部下・後輩が入社する前に押さえておきたいイロハ
「日常編」…多くの人が知らない、上司・先輩として心がけておくべき振る舞い
「依頼編」…失敗しない仕事の依頼方法と気をつけたいポイント
「指導育成編」…部下・後輩の成長を促進させる秘訣
「レベルアップ編」…上司・先輩として1ランク上にいくメソッド

具体的な中身は、「組織の理念や方針、育成の考え方を理解する」からはじまり、「意味や目的を伝えて依頼をする」「自分の経験を部下・後輩に当てはめない」など、全部で33項目を準備しました。
　それぞれの項目ごとに話が完結するようにしています。理想は、はじめから通読していただくことですが、時間がない方は、目次から気になる項目を探して読んでいただいてもかまいません。
　ただ、すべての話はつながっています。できれば時間がある時に一度、最初から読んでいただけたら、より深く理解できると思います。

　あらかじめお伝えしておきますが、本書は、「部下・後輩と仲のよい上司・先輩になること」「部下・後輩から好かれる上司・先輩になること」を目的にはしていません。

　本書では、「部下・後輩の仕事をする力（スキル）を高められる上司・先輩になること」「部下・後輩の仕事へのやりがい（マインド）を上げられる上司・先輩になること」の２点を目的にしています。
　そのような上司・先輩のことを、本書の中では「部下・後輩から信頼される人」と言っています。

はじめに

　みなさんの中には、望まずして上司・先輩になってしまった方もいるかもしれません。それでも、どうせなら「よい上司・先輩」になりたいですよね。「配属ガチャでハズレた！」と思われるなんて、まっぴらごめんだと思います。

　また、初めて部下・後輩を持つ人は、ひょっとしたら不安な気持ちや、正直言うと面倒くさいと感じているかもしれません。けれども、この本があれば、大丈夫です。読み終えた後には、部下・後輩を迎え入れるための、心と頭のよい準備ができると思います。

　それでは、さっそくページをめくって、一緒に「部下・後輩から 信頼される人」になる一歩を踏み出しましょう。

著者

はじめに　上司・先輩のみなさんへ ……………………… 2

- **01** 組織の理念や方針、育成の考え方を理解する ……… 14
- **02** 部下・後輩視点で物事を考える ……………………… 18
- **03** 自分自身の部下・後輩時代の棚卸しをする ………… 22
- **04** 周りにプラスの雰囲気を出す ………………………… 26
- **05** 部下・後輩のパーソナリティを予習する …………… 30
- **06** １日の予定や、依頼できる仕事を準備しておく …… 34
- **07** 部下・後輩に接する時間を分けて設ける …………… 38

日常編

08 部下・後輩の成長を支援する …………… 44
09 部下・後輩の作成物を確認する …………… 48
10 部下・後輩を理解しようと努める …………… 52
11 部下・後輩への期待値を上げすぎない …………… 56
12 部下・後輩の様子や状況を確認する …………… 60
13 自分の記憶を過信しない …………… 64
14 「間違い」や「知らない」を恐れない …………… 68

依頼編

15 意味や目的を伝えて依頼をする ………… 74
16 見本や実例を見せて依頼をする ………… 78
17 レベルや段階を考えて依頼をする ………… 82
18 できる限り具体的に依頼をする ………… 88
19 依頼をする際には丁寧に伝える ………… 92
20 依頼事項の確認を段階的にする ………… 96
21 依頼事項を一方的に回収しない ………… 100

22	部下・後輩に仕事に興味を持ってもらう	106
23	部下・後輩の意見や考えを聞く	112
24	自分の経験を部下・後輩に当てはめない	116
25	自分の答えを部下・後輩に押しつけない	120
26	部下・後輩に成果や結果だけを求めない	126
27	部下・後輩の失敗経験を成長につなげる	130
28	部下・後輩の人格にダメ出ししない	134

レベルアップ編

29 部下・後輩に少し高めの目標を設定する ……… 140
30 部下・後輩が活躍できる場（機会）を増やす ……… 144
31 成長の要素に対して、褒める、叱る ……… 148
32 部下・後輩の勝ちパターンをつくる ……… 154
33 上司・先輩としての勝ちパターンをつくる ……… 158

おわりに　最後にみなさんへ伝えたいこと ……… 162

装丁・イラスト：斉藤稔（G-RAM）
DTP：安井智弘

準備編

準備編

組織の理念や方針、育成の考え方を理解する

　いきなり部下・後輩の指導にあたる前に、実は、みなさんがあらかじめ準備しておけることはたくさんあります。最初にお伝えしたいのが、本項の「組織の理念や方針、育成の考え方を理解する」です。

　みなさんは、自分の会社の経営理念、もしくは、組織やチームの方針について、明確に言葉にすることはできますか？　現時点で、すらすらと話せる方は素晴らしいです。もし、記憶が怪しい人がいたら、これを機に一度振り返ってみてください。

　なぜ、経営理念や方針について理解しておく必要があるのでしょうか。その答えについてお話しする前に、まずは、学生時代の部活動を例に、イメージしてみましょう。

　部活動は運動部や文化部といったジャンルはもちろん、練習にかける熱量も「うちは、最低でも全国大会出場を目指す」というようなアツい部活もあれば、「放課後の時間を楽しめればOK」というユルい部活もあり、さまざまだったのではないでしょうか。前者と後者では、部活の後輩への接し方・指導方法も変わってくるはずです。

これは、会社や組織の場合も同様です。仮に「この商品を世に広めて、シェア率No.1を獲得する」という方針の会社と、「既存顧客の満足度を上げて、リピート率90％以上をキープする」という方針の会社では、部下・後輩に何を大切にして仕事をしていくべきなのか、伝える内容が異なります。

　もったいないのが、こうした組織の理念や方針をまったく意識せず、部下・後輩の指導にあたってしまうことです。最近、よくあるのが「いわゆるＺ世代をどう扱っていいかわからない」「離職率が高くなっているから、新入社員にやめてほしくない」といった理由で、配属された部下・後輩を「お客様扱い」してしまうケースです。部活動でたとえると「片づけなんかやらずに帰っていいよ。私たちがやっておくから」「筋力トレーニングもしなくて構わないよ。しんどいもんね」と、とにかく甘やかしてしまうイメージです。

　もちろん、パワハラのようなことは絶対にあってはいけません。けれども、会社として「〇〇を大切にしていこう」という方針を掲げているのに、部下・後輩を「いいよ、いいよ」とぬるま湯に浸からせることは、部下・後輩が組織の方針に沿って成果を出すことの妨げになってしまいます。

　もうひとつ、注意したいのは、自己判断だけで部下・後輩の指導をしてしまうことです。

　学校の授業を思い出してみてください。多少、授業が遅れているクラスがあっても、友だちのクラスと自分のクラスは同じような速度・内容で授業が進行していたはずです。これは、文部科学省が教科の目標や教育内容を定めた学習指導要領に基づ

き、各学校が教育課程（カリキュラム）を編成しているからです。

けれども、もし「ここは、あまり役立たないから」と、勝手に特定の分野を飛ばして授業を進める教員がいたら、大変なことになりますよね。そういうことが起きないように、学習指導要領があるのだと思います。この学習指導要領に当たるのが、組織の理念や方針です。

当然、部下・後輩にもいろんなタイプの人がいますし、個人の特性に応じて、少し背伸びした業務を教えるなど、個別対応をするのが悪いことではありません。上司・先輩もさまざまなカラーの人がいるでしょうから、よい意味での個性は存分に発揮してよいと思います。ただし、そういった個別対応は、あくまで学習指導要領（＝組織の理念や方針）をしっかり理解したうえでのことです。

組織の理念については経営理念や社是・社訓で、方針については年次総会資料や経営計画書など、確認できるものがあると思います。今まで他人事だったかもしれませんが、これからは上司・先輩の立場として見返すことで、ブレの少ない部下・後輩への対応に役立つでしょう。また人事や採用・育成の責任者がいる場合には、育成の考え方についても聞いておくことをおすすめします。育成の考え方は、いわば「育成の方針」とも言えるので、その方針を理解した上で、部下・後輩の育成や指導にあたるとよいですね。

残念な上司・先輩

組織の理念や方針を知らずに、
<u>自分基準で対応してしまう</u>

信頼される上司・先輩

○ 組織の理念やチームの方針を
　正しく把握している

○ 表面上の優しさにとらわれず、
　部下・後輩のためを考える

○ 目指すべき方向性を理解したうえで、
　育成や指導にあたる

準備編

02

部下・後輩視点で物事を考える

　人間は、誰しも無意識のうちに自分視点で物事を考えてしまいがちです。入社してしばらく経つみなさんにとっては簡単にできることでも、配属されたばかりの部下・後輩にとってはそうとは限りません。たとえば、近頃の最たる例が固定電話機での応対です。

　本書を読んでくださっている人の中には、自宅に固定電話がある、もしくはあった人もいるでしょう。しかし、今から入ってくる部下・後輩は、携帯電話やスマートフォンの普及に伴い、固定電話に初めてふれる人も少なからずいます。

　私は昭和生まれです。家に当たり前のように固定電話があった私と同年代の方からすれば、電話での応対なんて容易で、「電話を受けた際の第一声や、要件の聞き出し方など、最低限のことを覚えれば済むのでは?」と感じることでしょう。

　しかし、これから入社する部下・後輩の中には、「相手が誰かわからない電話を受けるのは怖い」と感じてしまい、なかなか電話に出られない人もいるのです。このような時、部下・後輩視点を持たないままだと、「なんで電話ひとつ出られないんだ!」と不満に思ってしまうでしょう。

上記のようなギャップは、電話に限った話ではありません。「これくらいなら、10分程度でできるだろう」と思ったことでも、今一度、部下・後輩視点に立って本当に10分で終えられるのか考えてみてください。社会人歴が一定以上あるみなさんにとっては、簡単なことかもしれません。ですが、まだ経験の浅い部下・後輩にとっては、1時間以上要してしまう可能性だってあります。

　新たな仕事を教える場合も同様です。つい、経験のある自分を基準にして「1回説明すればわかるような仕事だろう」と思うところを、「入社したばかりのAさんは、まだ1回では理解できないよな」と、常に部下・後輩視点に立って物事を考えてみるとよいです。

　「部下・後輩の気持ちを想像するのが難しい」と感じる人は、何かを判断する際「主語」を「自分」から「部下・後輩に」置き換えてイメージしてみてください。

【主語が自分】→【主語が部下・後輩】
「私は電話応対に抵抗はない」
　　→「Aさんは、固定電話を使ったことがあるのだろうか」
「私はこの仕事を〇分でできる」
　　→「Aさんは、本当に〇分でできるのだろうか」
「私はこの仕事について1回聞けばわかる」
　　→「Aさんにとっては、初めて聞く言葉ばかりかもしれない」

　「部下・後輩を主語にする癖をつける」メリットはほかにもあ

ります。それは、「本質的に部下・後輩たちのためを考えられるようになる」点です。例として、部下・後輩が仕事で何か失敗し、「ここは安易に手を貸さず、最後まで部下・後輩の手で仕事を完遂させたほうがよい」場面があったとします。その時、以下のように行動できるようになります。

心から部下・後輩を思う上司・先輩は、「手助け」だけが正解と思わない

　上司：「Aさん、1人で大変そうだなぁ。でも、ここは自分の力でやり遂げたほうがいい」

（上司の前を、Aさんの先輩のBさんが通りかかる）

　上司：「Bさん。Aさんが〇〇の件で失敗しちゃって、手伝ってあげたいけれど、一度最後まで任せようと思うんだ。とはいえ、心配だから、時々Aさんの様子を見てあげてくれる？」

　このように、部下・後輩視点を持つことができれば、本当の意味で部下・後輩たちのためを考えて、最適な声のかけ方を選べるようになるのです。

　正直、上司・先輩視点で見ると「優しい（甘い）上司・先輩」のほうがずっと楽です。「私が代わってあげるから、今日はもう帰りなよ」と言ってあげたほうが、仕事も早く終わりますし、短期的には、部下・後輩からの株は上がるかもしれません。でも、それだけでは、この本の主題である「部下・後輩から信頼される人」にはなれないのです。

残念な上司・先輩

物事の判断基準がすべて、
今のできる自分を基準にしている

信頼される上司・先輩

○ 部下・後輩の現状を理解した、
　物事の判断基準を持っている

○ 自分が主語ではなく、
　部下・後輩を主語して考えている

○ 部下・後輩の成長につながるかを、
　大切にしている

準備編

03

自分自身の部下・後輩時代の棚卸しをする

　先ほど「部下・後輩視点で物事を考える」ことの大切さをお伝えしました。そうは言っても、自分以外の視点に切り替えるのはなかなか容易ではありません。それに、人間は都合のいい生き物で「仕事ができなかった、ひよっこ時代の自分」をきれいに忘れてしまっているケースもあります。そのような時におすすめしたいのが、自身の部下・後輩時代の棚卸しです。

　棚卸しの目的は、新入社員当時の記憶を呼び覚ますことです。思い起こしてみると、会社に入ったばかりのころは、仕事に対して戸惑ったり、不安になったりしたこともあったでしょう。自分の新人時代を振り返れば、先輩から教えてもらって役に立ったことや、逆に、もっと早くに知っておきたかったことなど、いろいろあるはずです。

　そうした振り返りをしておけば、部下・後輩視点に立って物事を考えやすくなりますし、自身の復習にもなります。棚卸しは、以下の3つのいずれかで行うといいでしょう。

①手書きのメモや日報などを見返す

　みなさんが新入社員時代にメモをしていたノートや手帳があ

れば、改めて読み返してみましょう。もしなければ、新入社員時代の日報や業務報告書などでもかまいません。最近はこういったものも電子化されていることが多いので、過去のデータを検索して、１年目に書いたものにざっと目を通してみてください。

　中には「〇〇がなかなかできなくて苦労しています」など、「当時の自分は、こんなこともできなかったのか」と驚くものもあるでしょう。それを事前に知っておけば、たとえ新入社員が同じ失敗をしても、「なんでできないんだ！」と不満に思うことはないはずです。

②予定表や当時の写真・画像を見返す

　メモや日報がない場合、スケジュール帳や予定表も記憶をたどるヒントになります。Googleカレンダーなどに予定を打ち込んでいる人は、そちらを見てもいいでしょう。「５月に初めて〇〇社に挨拶に行ったんだな」「この時、同行した××先輩はもう異動してしまったけれど、そういえばあの時に教わった△△がとても勉強になったな」といった具合に、それまで忘れてしまった記憶を、鮮明に思い出すことがあります。

　メモも日報も予定表もない時は、写真や画像が役立ちます。内定式の写真、歓迎会での記念写真など、何でもOKです。こちらも予定表と同様「〇〇先輩はいつも積極的に話しかけてくれたな」など、記憶をたぐり寄せるきっかけになることがあります。スマートフォン内の過去の写真をさかのぼってみてください。

③自分の上司や先輩に棚卸しを手伝ってもらう

　可能なら、棚卸しを入社当時の上司や先輩と一緒にすると、よりみなさんのためにもなると思います。「私が部下で、どのようなところに苦労しましたか？」「先輩から見て、私はどんな後輩でしたか？」と尋ねることで、客観的な目線で自身の棚卸しができます。同時に、上司・先輩が自分のためにしてくれていたことに、年月を経て初めて気づく場合もあります。上司・先輩がどのように立ち回っていたか、その場を借りて聞いておけば、実際に部下・後輩が入ってきた際の予習にもなるでしょう。

　棚卸しをしていると「できなかった自分」「妙に上司に噛みついていた自分」など、恥ずかしい記憶を呼び覚ますケースもよくあります。「あの時は課長に逆らっていたけれど、今思えば課長の言っていることが正しかった」といった新たな発見を得られることもあるでしょう。
　そういったことも踏まえて、「上司・先輩にしてもらってよかったこと」は部下・後輩にも同じようにしてあげたらいいですし、反対に「自分の成長につながらなかったこと」は反面教師として、みなさんはしないようにしてください。

コツ 03

残念な 上司・先輩 ✕

自分の過去は「棚に上げたまま」、
部下・後輩視点になれない

信頼される 上司・先輩

○ 部下・後輩視点を持つために、
　新入社員時代の棚卸しをする

○ 自分ができない時代のことを、
　育成や教育にも活かしている

○ 自分にとってよかったことは、
　部下・後輩にもしてあげる

準備編

周りにプラスの雰囲気を出す

　私は、上司・先輩の大切な役割のひとつが、周囲やチームの雰囲気をよくすることだと思っています。

　部下・後輩は、上司・先輩の言動に敏感です。たとえ、どれだけ仕事ができる先輩でも「私は今、不機嫌なんだ」と言わんばかりに負のオーラを周りに出すような人は、下につく後輩が働きにくくなり、最悪の場合、やめてしまうケースもあります。

　もし、部下・後輩がそんなふうに振る舞っていたら、上司・先輩なら「何かあったの？」と尋ねることもできますし、あまりにも目に余るようなら「職場でそのような態度をとるのはよくないよ」と注意することも可能です。けれども、部下・後輩が上司・先輩にそういった指摘をするのは、非常に難しいです。できることがあるとすれば、「今日も〇〇さん（上司・先輩の名前）、めちゃくちゃ機嫌が悪かったよ」と、情報共有するくらいです。たとえ本人はそんなつもりがなくても、以下のような言動も、周りに不要な気を遣わせてしまうので、注意してください。

- 「うわっ」「くそっ」「最悪」などの独り言を言う

- 大きなため息をして「疲れている感じ」を出す
- 物を投げるようにして置いたり、激しくドアを閉めたりする

　誤解しないでほしいのですが、決して「疲れにくい人間になるべきです」とか「いつ、いかなる時も、プラス思考でいましょう」という話をしているのではありません。完璧な人なんていません。つらいことがあったり、腹が立ったりすることだってあるでしょう。人間なので、そういった気分の上がり下がりをなくすのは不可能ですが、それをあからさまに部下・後輩に見せるのは、よくないのです。八つ当たりをするなんて、もってのほかです。つまり、部下・後輩の前では感情のコントロールをしてほしいのです。

　それでは、部下・後輩の前での感情のコントロールは、どのようにして行えばいいのでしょうか。コツをお伝えします。

①「ON／OFF」のスイッチを決めておく

　私は自分の心のスイッチを「ドア」に決めています。前日にマイナスなことがあっても、翌朝に会社のドアノブをつかんだ瞬間にスイッチを切り替えて（つまり感情をコントロールして）、「おはよう」と挨拶をして入室するようにしています。

　また、仕事中にマイナスなことがあった時も同様です。帰宅するまでは、ひとりで落ち込むことも正直に言うとありますが、自宅のドアノブをつかむ時にスイッチを切り替えて（感情をコントロールして）、玄関に入るようにしています。家族に怒っているわけではないのにムスッとしていては、家族に余計な気を

遣わせてしまうからです。みなさんも「自分にとって、感情のコントロールをしやすいスイッチ」を探してみるとよいと思います。

②あらかじめ伝えておく

とはいえ、どうしても気分が上がらない時はあります。体調が悪い時、大切なペットが旅立ってしまった時などは、無理に元気を出す必要はありません。

そのような時は、最初に「ごめんなさい、今日はこういう事情でどうしても…」と周囲に伝えてあげてください。そうすれば、部下・後輩たちが「私のせいで機嫌が悪いのかな？」「何かしちゃったかな？」と気をもまずに済みます。先述の「物を投げるようにして置く」ような癖がある人も、はじめに「ごめんね、私、ガサツな性格だから…」と説明しておけば、「そういう人なんだな」と、ある程度は理解してもらえると思います。

なお、「周りにプラスの雰囲気を出す」のは、決して「明るい人になってください」という意味ではありません。まずは、マイナスのオーラを出さないこと。できるのなら、いつもの自分と比較して10％〜20％程度、明るい表情やトーンをつくれたらベストです。

コツ 04

残念な上司・先輩

自分の感情をコントロールせず、
負のオーラを周囲に出す

信頼される上司・先輩

○ 話しかけやすい雰囲気づくりを、
  いつも心がけている

○ 嫌なことがあっても、
  自分でスイッチを切り替える

○ 感情や体調がすぐれない時などは、
  事前に周囲に知らせる

準備編 05

部下・後輩のパーソナリティを予習する

　みなさんは、初対面の相手と話すのは得意ですか？　恥ずかしながら、私はどちらかというと苦手なタイプです。そのため、事前に「明日、初めてお会いする人がいる」とわかっている場合は、前もってその人がどういう人かを簡単に予習しておきます。相手について少しでも情報があれば、いざ会った際に会話の糸口がつかみやすくなるからです。

　それは、初対面の相手に限らず、部下・後輩との会話でも同じことが言えます。たとえば、当社には、学生時代に吹奏楽部で「ユーフォニアム」という楽器を演奏していた社員がいます。おそらく、ユーフォニアムは誰もが知っている楽器ではありませんよね？　もし、コミュニケーションが得意でない人が、事前準備なしで会話に臨むと以下のようになってしまうかもしれません。

残念な先輩の会話例

　〜仕事先へ向かう電車の中で〜
　先輩：「学生時代は何部だったの？」
　後輩：「吹奏楽部です」

先輩：「何の楽器を担当していたの？」
後輩：「ユーフォニアムです」
先輩：「へ、へぇ…」（ユーフォニアムって何だろう。聞いたら『そんなことも知らないの？』って思われるかもしれないし、聞けない…！）
〜会話終了〜

もしこれが、事前に後輩がユーフォニアムを演奏していたと把握していたら、ユーフォニアムについて前もって調べておくことができます。そうすれば、以下のように会話は広がっていくかもしれません。

できる先輩の会話例

〜仕事先へ向かう電車の中で〜
先輩：「〇〇さんはユーフォニアムを演奏していたんだって？」
後輩：「えっ！ ユーフォニアムをご存じなんですか？」
　　　（うれしそうな表情を浮かべる）
先輩：「いや、金管楽器っていうのはわかるんだけどさ。チューバとはどう違うの？」
後輩：「ユーフォニアムはですね、チューバよりは小さくて…それで…」（後輩が自分の土俵で話をしてくれる）
〜電車に乗っている間、ユーフォニアムの話で盛り上がる〜

コミュニケーション能力が高い人は、とくに準備することなく、いざ相手と対峙しても、問題なく会話を続けられるかもし

れません。けれども、そうではない人は、あらかじめ相手についての情報を仕入れておきましょう。そうすれば、1歩、2歩進んだところから会話をスタートさせられます。

　人と人との関係は、自転車に似ているように思います。最初の「ひと漕ぎ目」は力を入れて踏み込む必要がありますが、一度走り始めたらスムーズにタイヤが回転していきます。会話も同じで、よい滑り出しができれば、あとはうまく転がりやすいです。

　おそらく、新入社員が配属されると決まったら、上司・先輩には履歴書など、何らかの資料が渡されるはずです。適当に読み飛ばさず、「私と同じ、〇〇区の出身なんだ」と共通点を探したり、「〇〇区の××駅前の有名なラーメン屋さん、おいしかったよな。店名は何だったかな」「話題に出したら盛り上がるかもしれないから、調べておこう」と会話の糸口を考えたりするなど、事前準備をしておくと、会話を弾ませる第一歩になります。

　仕事において事前準備はとても大切です。「上司としてちゃんとやっていけるかな」「よい先輩にはどうしたらなれるのかな」と思う人は、マネジメント理論といったことを勉強する前に、まずは部下・後輩のパーソナリティを予習しておくといいでしょう。

コツ 05

残念な上司・先輩

部下・後輩がどういう人なのか、まったく興味がない

信頼される上司・先輩

○ 一緒に働く部下・後輩に対して、興味を持っている

○ 部下・後輩がコミュニケーションしやすい場づくりをする

○ 人見知りの上司・先輩ほど、予習をしておくとよい

準備編

[06]

1日の予定や、依頼できる仕事を準備しておく

「いよいよ、部下・後輩が配属されてきた！　さて、今日は何をしてもらおうか？」

　こんなふうにのんびりしていては、少し遅いかもしれません。
　たとえば、みなさんの誕生日会を友人が開いてくれることになったとしましょう。「○○時に××に来てね」と言われ、いざ行ってみると、友人たちの間で「主役が来ちゃった！　席はどこに座ってもらう？」「プレゼントは誰が用意しているの？」「えっ、ケーキの注文を忘れたの？」といった会話が繰り広げられていたら、みなさんはどう思いますか？「来るタイミングが悪かったのかな？」と、少し居心地が悪い気がしますよね。
　これは、新入社員も同様です。よくあるのが、現場が忙しすぎて、準備が間に合っていない例です。

もし、何も準備していなかったら
新入社員：「まずは何をすればいいですか？」
先　　輩：「どうしますか？」
上　　司：「あれ、○○さん（＝先輩）、何も考えてないの？」

先　　輩：「今週は手がいっぱいで…。う〜ん、××をやってもらいますか？」
上　　司：「それは、少し難しいんじゃない？」
先　　輩：「そうですよね…。どうしましょう」
上　　司：「そうだね〜。ごめん、今日はこのマニュアルを読んで自習しておいて！」
新入社員：「はい、わかりました」（私って必要とされてないのかな…？）

　上記のようでは、新入社員も不安に感じてしまいますね。けれども、前もってやってもらうことを整理しておけば、印象はこうも変わります。

前もって、準備をしておいたら

上　　司：「今週は〇〇を中心に、来週からは××を覚えてもらう予定です。〇〇については、先輩の△△さんが教えてくれるからね」
新入社員：「はい！　よろしくお願いします」（やる気に満ち溢れた声）
先　　輩：「よろしくね。〇〇についてはじめる前に、まずは社内を案内するね。その時に、今××を担当している先輩も紹介するね」
新入社員：「はい！　ありがとうございます」（私のために、いろいろ準備してくださっているんだな。早くお役に立てるよう、頑張らなきゃ！）

なお、新入社員は学ぶべきことがたくさんありますから「これを読んで勉強しておいて」というのが、必ずしもダメというわけではありません。ただし、自習をする目的や方法を、わかりやすく伝えるようにしましょう。

自習の依頼の仕方
　先　　輩：「じゃあ、残りの時間はこの資料を読んでくれる？　とくに３Ｐ〜10Ｐは〇〇業務に直結するからしっかり読んでほしい。専門用語が多くて最初は戸惑うかもしれないけど、理解しておいたらお客様とのやりとりの時に役に立つからね」
　新入社員：「はい、わかりました！」

　部下・後輩に「何をしてもらうか」を具体的に計画したり、準備することは、上司・先輩の仕事のひとつでもあります。実際に部下・後輩が配属される前に、１〜２週間分の「依頼したいこと」を準備しておくといいでしょう。そうしておけば、もし、部下・後輩にお願いした作業が想定より早く終わった場合も、ストックの中から「残りの時間でやってもらえそうなこと」を選んで依頼できます。

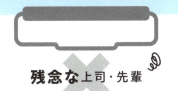

コツ 06

残念な上司・先輩

当日の朝に「今日は何をやってもらおうか」と考える

信頼される上司・先輩

○ 前もって、部下・後輩に割り振る仕事の計画を立てている

○ 「自習」をしてもらう際も、目的や方法をわかりやすく伝える

○ 1〜2週間分の「依頼したいこと」をストックしている

準備編

07

部下・後輩に接する時間を分けて設ける

　忙しい人ほど意識してほしいのが、本項の「部下・後輩に接する時間を分けて設ける」です。

　1日のうち、10分でも15分でもかまいません。部下・後輩から質問や報告を受ける「専用の時間」をつくってください。たとえば、18時終業の会社なら、17時45分からの15分をその時間に充てたらよいです。この時間は、部下・後輩からの質問や相談に答えたり、報告を聞いたりする時間にします。17時45分はあくまで例で、朝一番でも、お昼休憩が終わった後でも、タイミングはいつでも問題ありません。

　また、「17時45分」と決めたら、絶対にその時間に対応しなければならないわけではなく、会議や外出予定に応じて、時間や日程をずらすのはOKです。ポイントは、たとえ日時に変更があっても、必ず時間をつくる（機会を設ける）ということです。

　対面にこだわる必要はないので、状況に応じてオンライン対応や、チャットツール、メールなどのやりとりでもかまいません。例として、会議や外出などで時間がとれない時は「帰るまでに箇条書きで問題ないので、今日できたことをメールで送っておいて」などと事前に伝えましょう。そうして報告してもら

ったり、質問をもらったりしたら、それに対して後ほど上司・先輩が時間をとり、対応すればよいです。

　上司・先輩の中には、「隣の席なんだから、わからないことがあったら、いつでも聞いてくるだろう」「私は、尋ねられた時には、その場で対応するようにしている」と思う人もいるかもしれません。
　けれども、それはあくまで上司・先輩の視点です。部下・後輩からすると、たとえ「いつでも聞いていいよ」と言われていても、「今、〇〇さんは忙しくないかな？」「バタバタしてそうだから、もう少し後のほうがいいのでは？」と気にしてしまいます。そうして様子を伺ってるうちに、部下・後輩は聞くタイミングを逃してしまい、質問や確認ができないままその日を終えてしまうのです。

　残念な上司・先輩の中には、そのような部下・後輩の気遣いや気持ちもわからないまま、「どうしてもっと早く報告しないんだ！」なんて怒ったりする人もいます。負のオーラを出しつつ、部下・後輩のために時間をとらない…「残念な上司・先輩」の合わせ技ですね。
　当社は、新入社員向けの研修を担うことが多く、その場を借りてさまざまなアンケートをとっています。その際、上司・先輩から「いつでも聞いていいよ」と言われるのと、「時間をあらかじめ設けてもらう」のとでは、後者のほうが質問や報告をしやすいという、部下・後輩の意見がありました。
　学生時代の部活動をイメージしてみてください。「休憩は、

各自適宜とってね」と言われると、「そろそろ休みたいけど、先輩はまだ休んでないし…」「いつ休憩をとればいいのだろう…」と迷いませんか？「毎日18時から10分間休憩！」と指示されたほうが、堂々と休憩できると思います。会社のお昼休みも一緒ですね。「どこかで昼食時間を1時間とってください」と言われるより、「12時から13時までが昼食時間です」と決められていたほうが、誰にも気を遣わず、1時間の昼食時間がとれるのではないでしょうか。

　大切なのは「1日のうち、必ず時間をとるからね」「これは、あなたが質問や報告をするための時間だよ」と伝えてあげることです。そうすることで、部下・後輩も安心して仕事に取り組み、質問も報告もすることができます。

部下・後輩との時間を設ける時のポイント

- 時間が空いた時にではなく、忙しい人ほど時間を決めておくとよい
- 「基本は17時45分〜18時まで」と一番調整しやすい時間帯で設定しておく
- 外出や会議など別の予定が入った場合には、時間をずらして対応する
- 対面に限らず、オンラインやチャットツール、メールなどでもいい
- 「この時間はあなたが質問や報告をする時間」と部下・後輩に伝える

コツ 07

残念な 上司・先輩 ✕

部下・後輩のために、
自分から時間をとろうとしない

信頼される 上司・先輩 ◯

○ 1日のうち、部下・後輩に充てる
　時間を決めておく

○ 対面だけでなく、ツールも
　うまく使ってやり取りする

○ その時間は、遠慮なく質問や
　報告をしていいと伝える

日常編

日常編

部下・後輩の成長を支援する

　さて、ここからは「日常編」です。「日常編」では、みなさんのもとに部下・後輩がやって来た後に、どんな上司・先輩として一緒に仕事をすればよいかを説明していきます。

　最初に知っておいてほしいのが、部下・後輩の成長を支援することが、上司・先輩の大きな役割であるということです。
　しかし、悲しいことに、世の中には「後輩が入ってきたら、ずっと面倒だと思っていた仕事をやってもらおう」と考えるような残念な上司・先輩がいるのも事実です。
　この本を手にとってくださったみなさんの中には、すでに部下・後輩を育てている人もいるかもしれません。もしかしたら、「自分ひとりで仕事をしていた時のほうが楽だった」「なんだか、かえってやることが増えた気がする」と思っている方もいるのではないでしょうか。実は、その感覚はあながち間違いではありません。
　上司・先輩になるということは、これまでの仕事に加えて「上司・先輩としての役割が増えること」を意味します。つまり、本質的には仕事量は減るのではなく、増えるのです。

そんな上司・先輩を悩ますのが、「なかなか仕事を覚えてくれない部下・後輩」です。

　昔の私も、部下・後輩に「この人は何回説明したらわかってくれるんだろう？」と頭を抱えたこともありました。けれども、最近はそんな部下・後輩が入ってきたら、むしろ「自分の腕の見せ所だな」と思うようにしています。

　なぜなら、「今までの教え方・伝え方では、この人にはわかってもらえない」「それなら、違う方法を見つけなければならない」と思うからです。そうして試行錯誤を繰り返していくうちに、気がつくと、自分の成長にもつながっていることがよくあります。

　たとえば、「準備編」で「部下・後輩視点で物事を考える」とお話ししました。部下・後輩を主語にして物事を考えると、相手の気持ちに寄り添ったり、本当に相手のためを思って行動したりしやすいというものでした。

　これは、「お客様視点に置き換えてみる」という応用が利きます。部下・後輩に限らず、お客様、世の中のありとあらゆる人の立場に立って物事を考えられるようになれば、みなさんの仕事の能力はもちろん、人としての魅力もぐっと高まります。

　少し話が逸れますが、お客様視点は、部下・後輩を指導する際にも役立ちます。仮に、得意先に提出する資料づくりに悩んでいる部下・後輩がいたとしても、「A社の〇〇さんなら、この資料をどんなふうにまとめてほしいと思う？」といった具合に問いかけてあげると、部下・後輩も完成形のイメージがわき

やすくなるのではないでしょうか。

　また、新たな部下・後輩がチームに加わることが、部門のシステムを見直すきっかけになることもあります。たとえば、これまでは、個々人のパフォーマンスだけで保たれていた仕事が、少しおっちょこちょいな新人が入ってくれたことで、「誰もがミスしないようにするにはどうすればいいか」「システム側の対応で解決できないだろうか」など、業務フローを改善するいい機会にもなります。部下・後輩の成長に試行錯誤することは、上司・先輩自身だけでなく、時には組織全体の仕事の仕方の見直しにも繋げていけるのです。

　部下・後輩ができると、今までと同じペースで業務を進めていては、仕事を終えられる時間が遅くなります。先述の通り、自分の担当業務に加え、部下・後輩の仕事を確認したり、質問や報告に応じたりする必要があるからです。はじめのうちは、大変に感じるかもしれません。ですが、部下・後輩はやがて成長して、頼もしい戦力になってくれるのです。
　また、部下・後輩を任せられるということは、会社側が、みなさんに信頼を寄せ、期待しているという証でもあります。そして何より、誰かの成長を支援する経験は、みなさんの人としての器を今以上に大きくしてくれます。部下・後輩の成長を支援することを通して、みなさん自身も上司・部下として着実に成長していると思ってください。

コツ
08

残念な上司・先輩

部下・後輩ができると、
自分が楽をできると思っている

信頼される上司・先輩

○ 部下・後輩の成長の支援が、
　自分の役割だと理解している

○ 成長の支援の仕方について、
　試行錯誤をしながら考えている

○ 部下・後輩への支援を通して、
　自己や組織も成長させている

日常編

09

部下・後輩の作成物を確認する

　社員に、日報や週報を書かせている会社は多いと思いますし、また日報という形ではなくても、業務報告書を課しているところもあるでしょう。それらを、上司・先輩であるみなさんはきちんと確認しているでしょうか？

　ひょっとしたら、「いつも同じような内容だから読んでいない」「とくにリアクションもしていない」といった状況が、全社的に当たり前になっている組織もあるかもしれません。それでも、みなさんが上司・先輩になったら、部下・後輩の日々書いてくれる作成物には、必ず目を通してしてほしいのです。

　当社でも、社員が毎日、日報を書いてくれています。そして、社員が書く日報に対して、上司が毎日必ずコメント（フィードバック）をしています。この毎日の日報とコメントを、創業以来17年間、全員で続けています。

　社員数が15名くらいまでは、私も全社員の日報にコメントをしていました。けれども、人数が増えるにつれて時間を確保するのが難しくなってきたので、現在は入社2年目までという区切りにしています。なお、私がコメントを書いていない3年目

以降の社員については、その社員の上司がコメントをしてくれています。さらに、義務として課してはいないのですが、先輩たちも自分の後輩たちの日報にコメントを書いてくれています（私よりも丁寧で的確なフィードバックが多いです）。

　どうしてこんなことをしているのか。理由はとてもシンプルで、会社として社員に日報の作成をお願いしている以上、内容を確認して少しでも組織全体に活かすべきだと思うから。そして、部下・後輩の毎日の小さな気づきや成長を、上司・先輩にしっかりと拾い上げてほしいからです。
　みなさんの会社で日報や業務報告書はあるのに、ほとんど読まれていなかったとしても、これから上司・先輩になるみなさんには、ぜひ部下・後輩の日報や業務報告書は読んでもらいたいです。もしそうする意味のない内容の日報や業務報告書であったなら、そんな誰のためにもならないものなんて書かせずに、早く帰宅してもらうほうがよっぽど生産的です。
　不思議なもので、毎日、日報を読んでいると、部下・後輩の調子や成長度合いも、推測できるようになります。言葉で説明するのは難しいのですが、ずっと日報を読んでいると、仕事に対する考えや姿勢の変化が、わかってくるようになるのです。

　可能であれば、日報にはなるべくコメントやリアクションをすることをおすすめします。ついつい流し読みをしてしまいそうなところを「何かコメントをしよう」と思いながら確認すると、真剣に読むことができるからです。なお、リアクションは必ずしも文字でなくてもよいと思います。「準備編」でお話し

した「後輩・部下に接する時間を分けて設ける」のように、部下・後輩のために時間をとっているのなら、そのタイミングで伝えてもいいですし、口頭で「日報で〇〇の件、読んだよ。よかったね」と伝えてもかまいません。

　注意点としては、社内全員が閲覧できる日報にコメントを書く際は、努めて肯定的な内容にすることです。たとえ、報告内容が芳しくないものであっても、「今回は残念でしたが、次に生かしましょう」といった具合です。「ここがダメだったのでは」などとその場で指摘してしまったら、名指しで注意されているのを、みんなに見られてしまうからです。もし指摘すべきことがある場合は、個別に部下・後輩に伝えるとよいでしょう。

　また日々の作成物は、日報や業務報告書だけではありません。会議の事前資料や、会議後の議事録なども、上司・先輩として確認するべき作成物です。もし確認をする必要がない事前資料や議事録であれば、そもそもの必要性から再検討したほうがよいです。

　最後になりますが、みなさんが依頼をして事前に送ってもらった作成物は、必ず見ておくようにしてください。会議当日に「ごめん、まだ読んでなくて」となっては、部下・後輩からすれば「なんで前もって送らせたのだろう？」と気分が悪いものです。こういったところから、人間関係の「ボタンのかけ違い」が起きてしまうので、とくに気をつけましょう。

残念な上司・先輩

日報や会議資料を作成させるだけで
確認をしていない

信頼される上司・先輩

○ 日報や業務報告書を確認することで、
　今後に活かしていく

○ よいことや気づいた点を、
　文字や言葉でフィードバックする

○ とくにこちらから依頼をした作成物は、
　必ず確認をする

日常編

10

部下・後輩を理解しようと努める

「準備編」で「部下・後輩のパーソナリティを予習する」ことの重要性をお伝えしました。

研修などでそうお話しすると、みなさん、最初は真面目に部下・後輩について予習したり、積極的に知ろうとしてくれます。その結果、陥りがちなのは、「自分はAさんのことをよくわかっている」と過信してしまうパターンです。

毎日、一緒に仕事をしてコミュニケーションをとる機会が増えたり、お昼ご飯を一緒に食べるようになったりと、関係性が深まるほど、部下・後輩についての情報が増えていくでしょう。そうすると、自然と自分の中に「いつも元気いっぱい」「頑張り屋さん」など、「Aさんはこんな人」といったイメージができあがっていきます。それ自体は悪いことではありません。

けれども、「自分はAさんのことをよくわかっている」という思い込みが怖いのは、人は、一度「よくわかっている」と判断したことに対して、それ以上知ろうとしなくなってしまいがちな点です。

たとえば、別の部下・後輩から、「Aさん、○○の件でミス

してから元気がないように見えるのですが…」と報告を受けたとしましょう。ここですぐにAさんに、「〇〇の件を引きずっているの？」と声をかけられたらいいのですが、残念な上司・先輩は「Aさんはそんなことで落ち込まないから大丈夫」と、思い込みで判断を下してしまうことがあります。

　こういった上司・先輩は、たとえ、Aさんから相談を受けたとしても、途中で話を遮ったり、「つまり、言いたいのはこういうことだよね」と、勝手に自分で結論づけたりします。そして、ある日突然、Aさんから退職届を叩きつけられて、ことの重大さを知るのです。

　ここまで極端な例でなくても、入社当初は丁寧に接していたのに、親しくなるにつれて、相手への扱いが、よく言えばフランク、悪く言えば雑になってしまうケースはあります。

　友人関係に置き換えてみると、イメージしやすいかもしれません。知り合って間もないころは、話の内容や、自分ばかり喋っていないかなど、注意をするはずです。

　ところが、仲よくなるにつれて、「（この友人は）話すより聞くほうが好きだから」と、自分の話を一方的に続けてしまう…。ひょっとしたら、その友人は、話したいことや相談したい悩みがあったかもしれません。まだ、友だち同士なら、相手から「ちょっと聞いてほしいことがあって」と言われて気づくことができるかもしれません。でも、部下・後輩はそういう発言自体がしにくいものです。

　注意したいのは、外から見ている分には"問題なさそう"に

見える部下・後輩でも、心の内側は本人しかわからないという点です。過去に、実際に当社に寄せられた相談でも、「予想外の社員（Bさん）から、退職を申し出られた。どうすればいいですか？」というものがありました。聞けば、見るからにつらそうにしている別の社員を重点的にフォローしていて、社歴も長く、明るい性格のBさんについては、ほぼ「放ったらかし」の状態だったようです。気づかないうちに、Bさんに心労がたまってしまっていたとのことでした。

　このBさんの例に限らずですが、とくに心配のいらない（と上司・先輩の側が勝手に思い込んでいる）部下・後輩にも、先入観をもたずに丁寧に接することが大切です。

　上記のBさんの退職のような事態に陥らないようにするためには、上司・先輩の勝手な判断で「大丈夫だろう」などと思わずに、日頃から部下・後輩の話にしっかり耳を傾ける。忙しい状態が続いているのなら、元気そうに見えても「困ったことがあったら言ってね」と声をかけるなど、丁寧にコミュニケーションをとることです。部下・後輩の話を遮ったり、一方的に結論づけたりするなんてもってのほかです。

　自分以外の人のことを、完璧に知ることなんてできません。それは、友人はもちろん、部下・後輩も同様です。「部下・後輩のことを理解しよう」と努力する姿勢が、上司・先輩には必要であることを、この本を手にとってくださったみなさんにはお伝えしたいです。

コツ **10**

残念な上司・先輩

部下・後輩のことをよく理解していると思い込んでいる

信頼される上司・先輩

○ 部下・後輩の状況や状態を、いつも気にかけている

○ 順調そうに見える部下・後輩にも、折を見て声をかける

○ 部下・後輩からの報告や相談には、しっかり耳を傾ける

日常編

11

部下・後輩への期待値を上げすぎない

　みなさんは、新入社員に初めての仕事を任せた時、100点満点中、何点くらいを期待しますか？　20点？　50点？　70点？
　70点以上を期待してしまっては、部下・後輩がかわいそうかもしれません。
　私から点数について尋ねましたが、部下・後輩に仕事を依頼した際は、「できなかったこと」より「できたこと」に注目してあげるようにしてください。つまり、仕事の出来栄えが20点だった場合も、「80点も落とした！」と思うのではなく、「20点もとれたね」と視点を切り替えるのです。はじめから、仕事を完璧にこなせる人なんてそうそういません。「準備編」の「自分自身の部下・後輩時代の棚卸しをする」でお伝えしたように、今は会社の第一線で活躍しているみなさんも、過去には「ひよっこ時代」があったはずです。

　ただ、上司・先輩も人間ですから、部下・後輩が仕事に前向きであったり、飲み込みが早かったりするほど、仕事の出来栄えについても、ついつい期待してしまいがちです。「この新人なら、70点をとれるんじゃないか」と思うのは自由ですが、実

際は20点の出来だったとしても、がっかりしたり「この程度なの？」と責めたりしてはいけません。

　もちろん、ずっと20点でよいわけではなく、最終的には仕事で70点、80点と高得点を目指してもらいます。とはいえ、その場合もいきなり20点から70点に飛躍するのではなく、残りの得点を少しずつ高めていくようなイメージで、「次は30点に届かせよう」「40点にするには、ここを修正してみてはどうかな」と徐々に底上げしていきます。

　仕事の内容や難易度にもよりますが、早い段階で高得点（成果）を求めるのではなく、３カ月から半年は期待値（合格ライン）を上げすぎないようにしてください。また、半年経った後でも、さらに新しい仕事を任せたり、担当外の業務を任せたりする場合は、引き続き期待値を調整しながら長い目で見てあげるとよいです。

　併せて、期待しすぎてはいけないのは、仕事をするスピードです。「50点はとれているね。でも、ちょっと仕事が遅すぎないかい？」も、ダメなのです。最初は誰しも、点数が低く、スピードも遅いものです。

　まずは、ゆっくりでも確実に点数を少しずつ取れるように。そして仕事に慣れてきて点数が安定してきたら、次は仕事のスピードも上げていくイメージだとちょうどよいです。

　とくに注意したいのは、現在、上司という立場にいる人です。出世をしているということは、一般社員のころから優秀だったのでしょう。そのように、プレイヤーとしても成果を出してき

た人の目線で新入社員を見てしまうのは、部下・後輩にとってはとても酷なものです。

　新しく配属されてきた部下・後輩は、仕事だけでなく、部署の人の名前、会社のルールなど、覚えることがたくさんあります。環境が変わり、生活リズムに変化があった人もいるでしょう。みなさんが思っている以上に疲れがたまっていることもあるので、過度な期待は禁物です。部下・後輩の体調管理については、次項で詳しくまとめます。

　また、これらの話は新卒で入社した部下・後輩だけに当てはまるのではなく、中途採用で入社してきたり、社内のまったく違う部署から異動してきたりした社員についても、同様です。たとえ、前職で素晴らしい成果を出していたとしても、それは、あくまで前の会社や部署での話です。同じ仕事内容だったとしても、会社が変われば、業務の進め方だって異なります。そのような中で、最初から最高のパフォーマンスを発揮できる人はいません。あまりプレッシャーをかけすぎないようにしてください。

　時折、部下・後輩の仕事の出来栄えが0点のこともあります。これは、部下・後輩たちが悪いのではなく、そもそも仕事の難易度が高すぎるか、仕事の依頼の仕方がよくない可能性があります。こちらについては、後の「依頼編」で詳しく解説していきます。

　部下・後輩の将来に期待するのはよいことです。けれども「期待値」は上げすぎないように心がけましょう。

コツ **11**

残念な上司・先輩 ✖

部下・後輩に対する、
期待値（合格ライン）が高すぎる

信頼される上司・先輩

○ できなかったことよりも、
　できたことに注目をする

○ 確実な仕事を第一とし、
　最初からスピードを求めない

○ 部下・後輩に対して、
　長い目で見ながら期待をしている

日常編

部下・後輩の様子や状況を確認する

　上司・先輩になったら、部下・後輩の体調はもちろん、心の様子をチェックしておくのも、大切な役割です。近頃は、そういった類の本もたくさん出ていますが、それくらい大切なことなので、ここでも改めてふれておきます。
「部下・後輩を理解しようと努める」で、仕事が上手く行かない社員を重点的にフォローし、順調に仕事に取り組んでいる社員のサポートを、ないがしろにしてしまった例を挙げました。この例では、前者の様子を注視していたら、予想外にも、後者から突然「会社を辞めたいです」と申し出が…というお話でしたが、残念ながら、このような事例は世の中に多々あります。

　実は、私も過去に会社を退職した時、上司から非常に驚かれました。退職する数カ月前までの私は、会社に対する不満もなければ、独立なんてまったく考えてもいない社員でした。その後、私自身が当時まだ若かったこともあり、目指したい方向性があったので起業という道を選んだのですが、上司にとっては青天の霹靂だったようです。
　私としては若さゆえの退職だったですが、もし、そこに至る

までの早い段階で「最近どうなんだ？」などと尋ねられていたら、「いま目指したい方向性がありまして…」という話を打ち明けていたかもしれません（念のため補足しておくと、前職の上司の方には大変お世話になり、退職後の今でも良好な関係が続いています）。

　上司・先輩はカウンセラーではないので、部下・後輩の体調や心の動きすべてを把握したり、根掘り葉掘り聞いたりする必要はありません。ただ、部下・後輩が「誰かに相談したい」と思った際に聞いてあげられるような関係性は、日頃から築いておきたいものです。
　また、人間は誰しも、体調にも感情にも波があります。一時的なものなら問題ないのですが、もし部下・後輩の元気がなさそうで、その状態がしばらく続いている場合は、こちらから一度「大丈夫？」「何かあったの？」と、声をかけてあげましょう。
　最近の若い人は遠慮がちな方も多く、「大丈夫？」と聞くと、「大丈夫です」と答えるケースもあります。そういった時は、言葉のキャッチボールをそこで終わらせず、「力になれることがあったら、いつでも時間取るから」などと、相手にボールを投げ返してほしいです。とくに、部下・後輩から「時間をとってもらえますか？」と言われた時には、何とか調整をしてでも、時間をとるようにしてください。

　中には、直属の上司や先輩には話しにくい悩みもあります。私は男性なので、異性である女性社員にとっては私に言いづら

いこともあるでしょう。その際、私がよく行うのが「他の人に代わりに聞いてもらう」です。たとえば、女性社員のＡさんの元気がなさそうに見えたら、Ａさんと同性の先輩に、「Ａさん、最近調子が悪そうだけれど、大丈夫？」「少し気にしてあげてくれる？」などとお願いします。声をかけるのは、必ずしも自分でなくてもいいのです。

　同様に、部下・後輩をたくさん抱えている上司も、毎日欠かさず全員の様子をチェックするのは難しいと思います。そのような時は、チームのリーダーや先輩に「チームのみんなは変わりない？」と定期的に尋ねておけば、部下・後輩たちもそのたびに意識してくれるようになります。チーム全体で協力して、気配りをしていきましょう。あくまで一例ですが、部下・後輩の様子の変化は、以下のような形で表れることがありますので、参考にしてください。

―― 部下・後輩にこのような兆候があったら注意！ ――
- 社内でのコミュニケーションが減っている／笑顔が少なくなった
- 食事の量が目に見えて減っている／同僚とランチに行かなくなった
- 日報や報告書に感情がこもっていない／文字量が極端に少ない

　今は元気そうに見えても、当人も気づかないうちに頑張りすぎてしまっているパターンもあります。残業が続いている時なども、一声かけてあげましょう。

コツ **12**

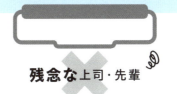

残念な上司・先輩

部下・後輩の様子や状況を、
まったく気にしていない

信頼される上司・先輩

○「大丈夫？」「何かあったの？」などの
　声かけを忘れない

○元気そうに見える人にも
　「最近どう？」などのフォローをする

○自分1人ではなく、
　同僚にも依頼をして確認してもらう

日常編

13

自分の記憶を過信しない

　部下・後輩とのやりとりをはっきりと記憶しているのは、素晴らしいことです。けれども、そんな記憶力に自信がある人ほど気をつけてほしいのが、本項の「自分の記憶を過信しない」です。
　部下・後輩が1人しかいないうちは、それほど困らないかもしれません。しかし、2人、3人と増えていくうちに、Aさんに言ったことを、Bさんに言ったと思い込んだり、はたまたその逆だと勘違いしたり…というケースはよくあります。

　上司・先輩が自分1人で勝手に思い込んでいるだけなら、まだ救いようがあるのですが、残念な上司・先輩は「え、前にも言ったよね？」「覚えてないの？」と、自分の勘違いを部下・後輩のせいにしてしまいます。責め立てるように尋ねてくる上司・先輩を前に、その場では部下・後輩も「すみません…」と謝るかもしれません。けれども、心の中では「私は聞いてない！」と不満に思っていることでしょう。すると、どうなるか。「私、初めて聞いたことなのに、今日も〇〇さん（＝上司・先輩）が、「覚えてないの？」なんて言うんだよ。覚えてないのはお

前だよ！」と、飲み会の愚痴になります。ただ世の中には、こうして自主的に発散してくれる部下・後輩ばかりいるわけではありません。

　とても真面目であったり、自己肯定感が低い部下・後輩の場合、たとえ本当は言われていないことでも、上司・先輩の言葉を鵜呑みにして「私、こんなことも忘れちゃうんだ…」と自分自身を責め、どんどん落ち込んでしまう人もいます。

　このような事態に陥らないためには、やはり、自分の記憶を過信しすぎないことです。会社員時代は私も「初めて聞くんですが…」と心の中で思う側でしたが、年齢を重ね、また部下・後輩も増えた結果、私も思わせる側になってしまいました。
　そんな私が心がけているのは、話していて、部下・後輩がキョトンとした顔をしていたり、困惑した表情を浮かべていたりしたら、すぐに確認することです。その際も「言ったよね？」という言い方はせず、「あれ、言っていたかな？」と表現します。すると、社員も「社長、すみません。おそらくなんですが、初めて聞きました」と教えてくれるので、「ごめん！」と素直に謝ります。どのような人も、記憶違いをしてしまうことがあります。その都度、部下・後輩に確認するのは問題ありません。

　なお、事前に「ＡさんとＢさん、どっちに言ったっけ？」と悩む時間がある時は、私は日報を遡ります。コメントなどでやりとりしていることが多いので、ど忘れをした際の参考になります。
　もし、そういった記録やデータがない方は、今後は部下・後

輩に指導した内容について、簡単にメモをとっておくといいでしょう。前著『入社1年目 上手くいく人へ成長するコツ33』には、「メモをとって見返す」の項目をつくりました。それだけ、私はメモをとることを重要だと考えています。たとえどれだけ優秀な人でも、すべての物事を記憶しておくなんて不可能だからです。

メモなら、困った時にいつでも見返すことができます。延々と悩んでいるよりずっと早いですし、確実です。なお、メモは手書きでも、パソコンやスマートフォンでもかまいません。

こういうケースでは、とにかく「自分の記憶は絶対に正しい」と決めつけず、一度、冷静になって考えてみるべきです。「自分は本当にAさんに言ったのかな？」と胸に手を当てて考えてから、落ち着いてメモを見返しましょう。

───────── 自分の記憶が怪しい時は… ─────────
- 「言ったよね？」ではなく「言っていたかな？」と相手に確認する
- 日報などを見て、過去を振り返ってみる
- 指導した内容について、日頃からメモなどをつけておく

コツ **13**

残念な上司・先輩 ✕

自分の記憶は正しいと、思い込んでいる

信頼される上司・先輩

- 部下・後輩に対して、
  記憶だけを頼りに対応しない

- 自分の記憶や相手の反応が怪しい時は、
  相手に確認する

- 自分の記憶を過信せず、
  メモや日報などの記録に頼る

日常編

14

「間違い」や「知らない」を恐れない

　上司・先輩だからといって、部下・後輩と比較した時、何もかもが優れていなければならないわけではありません。上司は、職務経験が長いから上司に、先輩は、働きはじめたのが後輩より先だから、先輩になっているだけです。上司・先輩だって、わからないことや知らないことがあって当然なのです。

　それでも、上司・先輩の中には、「自分のほうが優れていなくてはいけない」とプレッシャーに感じる方も多いようです。とくに、係長と主任、主任と一般社員など、階層が近ければ近いほど、「負けるわけにはいかない」「劣っていたら示しがつかない」といった思いを抱きがちです。もちろん、そういった感情をプラスの力に変えて、一層自分に磨きをかけるのならいいのですが、問題は以下のような事態が発生した時です。

①部下・後輩の意見が正しいことがわかっても、認められない
　たとえば、ある事柄に対して意見が分かれ、後々になって部下・後輩の主張が正しいとわかったとします。ここで「ごめん、あの時はあんなふうに発言したけれど、〇〇さんの意見が正解だったね」と言えたら信頼される上司・先輩です。けれども、

残念な上司・先輩は「負けるわけにはいかない」と思っているわけですから、自分の誤りを認められません。競うべきでないところで、変な意地を張ってしまうのです。

前項の「自分の記憶を過信しない」でもお話ししたように、「Aさんに言ったことを、Bさんに言ったと思い込んでいた」など、自分の記憶違いがわかった際も注意が必要です。素直に認められない人は、すぐに「残念な上司・先輩」のレッテルが貼られてしまいます。

②知ったかぶりをする

自分が初めて聞いたことに対して「知らない」と言うのを、極端に恐れる人もいます。これも「部下・後輩よりも劣っていたら示しがつかない」という気持ちがそうさせるのかもしれません。

たとえば、部下・後輩から「今朝、〇〇業界で話題になっていたあの件、聞きました？」と尋ねられたとしましょう。初めて聞いた内容なら「それ、なに？」「詳しく教えて」と言えばいいのですが、残念な上司・先輩の中には、「あぁ、あの件ね」と知ったふりをして、その場をごまかし、後で調べる…なんて人もいます。

部下・後輩の立場からすると、たとえ上司・先輩から「初めて聞いた」「教えてくれる？」と言われたとしても、その人に対するリスペクトを失ったり、「なんだ、そんなことも知らないのか」と思ったりしません。むしろ、わかったふりをしたり、取り繕っていたりするほうが「残念な人だな」とがっかりされます。知ったかぶりは、意外と相手に伝わります。

部下・後輩に任せているお客様の名前や、その業界の専門知識、業界の動向や状況といった情報のすべてを、上司・先輩が把握しておくのは不可能です。知らない話が出てきた際は、素直に聞くようにしましょう。

　以上のことから、過度に知らないことを恐れる必要はありません。ただ、気をつけたいのは、同じ「知らない」でも、そのままにしてはいけないシチュエーションがあります。それは、部下・後輩が困っている時です。
　たとえば、外部からの電話があり、それを新入社員が受けたとしましょう。「〇〇について問い合わせがあったのですが、どなたにつなげばいいしょうか？」という新入社員の問いに対して、たとえ、本当にわからなくても「知らない」だけで返してはいけません。そんなことをされては、新入社員はその後どうしていいか、戸惑ってしまうからです。そこは「〇〇の担当者は今出てしまっているけど、代わりに私が受けるね」と、いったん引き受けてあげましょう。

　部下・後輩からの問いに対する答えを、必ず自分の中に持っておく必要はありません。ただし、部下・後輩がＳＯＳ信号を出している時には、何らかの手助けをしてあげてください。「私は知らない、関係ない」はとても残念な上司・先輩なので、とくに気をつけましょう。

コツ
14

残念な上司・先輩

自分の間違いに気づいても、
認めないし謝らない

信頼される上司・先輩

○ 間違いに気づいた時は、
　部下・後輩に対しても謝る

○ わからないことや知らないことに対して、
　素直に耳を傾ける

○ 自分の担当外のことでも、
　困っている部下・後輩を放置しない

依頼編

依頼編

15 意味や目的を伝えて依頼をする

「依頼編」では、部下・後輩に仕事を依頼する際に気をつけたいこと、依頼内容をうまく伝えるコツなどをお伝えしていきます。

　実務的な内容にふれる前にお話ししたいのは、本項の「意味や目的を伝えて依頼をする」です。まずは、部下・後輩に仕事をお願いする際の心構えについて説明します。

　基本的に、入社または配属されたばかりの部下・後輩に依頼できる仕事というのは、簡単なものが多くなると思います。時には、データの入力や、文書のコピー・スキャン、資料のホチキス留めなどをお願いすることもあるでしょう。そういった作業を依頼する際に、ただ「お願い」と言うのか、「この仕事には、こんな意味があるんだよ」と伝えてあげられるかで、部下・後輩の仕事の捉え方も大きく変わってきます。

　「3人のレンガ職人」という寓話を、みなさんはご存じでしょうか。簡単に説明すると、ある旅人が、レンガを積む3人の職人それぞれに「何をしているのか」と聞いたところ、1人目のレンガ職人は「ただ、レンガを積んでいるんだよ」と答え、2

人目のレンガ職人は「レンガを積んで壁をつくっているんだよ」、3人目は「レンガを積んで、後世に残る大聖堂をつくっているんだよ」と答えた──というお話です。同じ作業をしていても、何を目的とするか。完成形がわかっているかによって、仕事の熱量は違ってきます。せっかく働くのなら「3人目の職人」でありたいですねと、説いたものです。

　私が新卒で入った会社で、先輩に言われて印象に残っているお話をご紹介します。私が依頼されたのは、資料のホチキス留めでした。

【先輩に言われて、とても印象に残っていること】

「この資料はね、お客様の幹部も集まる会議で使われるんだよ。だから、資料の留め方が雑だと、それだけでうちの会社が『その程度なんだ』って思われてしまうんだ。つまり、笹田くんが留めたホチキスの一つひとつが、会社の評判にもつながるから、しっかりお願いね」

　こんなふうに言われた私は、自分も会社の看板を背負っているんだと思い、丁寧に資料をまとめていったものです。

　先述の通り、新入社員に任せられる仕事は、単純作業が多くなりがちです。「これって何の役に立つんだろう？」と思うような業務を、「この作業は、○○の××の部分なんだ」と知ってから仕事に励むのとでは、当事者のやる気はもちろん、学びの速度も変わってきます。

　欲を言えば、先ほどの資料のホチキス留めでも、フィードバックがあるとさらにいいでしょう。「すごくきれいに仕上がっ

ていたね」「おかげで会議もスムーズに進行したよ」と言われたら、一層仕事にまい進しますよね。こんなふうに部下・後輩にも「自分も仕事の一部を担っている」という実感を持ってもらうことが大切です。

また、部下・後輩の中には、希望の部署に配属されずに、今の部署に来た人もいるかもしれません。「準備編」でお伝えした「部下・後輩のパーソナリティを予習する」ができていれば、以下のようなフォローをしてあげることも可能でしょう。

【望まない配属で、モチベーションが下がっている部下・後輩に対して】
「〇〇さんは商品企画部や、広報部を希望しているんだよね。もしかしたら、この製造部に配属になって残念に思っているかもしれないけれど、商品についてうちの会社で一番勉強できるのは、製造部なんだよ。そういった知識を身につけたうえで、商品企画部や広報部に異動すれば、前提知識がない人と比べて、ずっと活躍できるよ。それに、ここで仲間を増やしておけば、商品企画部や広報部に行って、新製品を企画したり、紹介したりする時も、みんなに協力してもらえるかもしれない。自己成長のつもりで、頑張ってみてね」

現在、新入社員教育を、すべて動画で行う会社も増えてきています。効率的ですし、決して悪いことではありません。けれども、どこかのタイミングで、上司・先輩であるみなさんから仕事の目的や意義といったお話も、ぜひ部下・後輩に直接してあげてください。

コツ
15

残念な上司・先輩 ×

意味や目的を伝えずに、
ただ作業として依頼している

信頼される上司・先輩

○ 仕事を依頼する際に、
　意味や目的についても伝えている

○ 簡単な業務でも、
　時間をとってフィードバックを行う

○ 目の前の仕事が、
　将来にどうつながるかも教えてあげる

依頼編

16

見本や実例を見せて依頼をする

「これは、ただ単にレンガを積んでいるのではないんだよ」
「あなたが積み上げていったレンガは、やがて、後世にも残るような、大聖堂になるんだよ」——さて、このようにして部下・後輩に仕事の意味や目的を伝えました。

　それさえ教えたら、「まずはレンガを水に浸けて、その間にセメントをつくっておき、準備ができたらレンガを並べる。あっ、この時、レンガはくっつけて置きすぎないようにね。隙間にセメントを入れることで、縦の目地になるからね。それで、レンガを重ねていくんだけど…」と、一方的に仕事の説明をしていいわけではありません。

　実際の業務でも、データの入力や、ホチキス留め程度の簡単な作業なら、部下・後輩もすぐに理解してくれると思います。けれども、たとえば提案書の作成など、少し難易度の上がる仕事は、口頭で説明を聞くだけでは、なかなか成果物の「完成形」が想像できません。

　例として、みなさんが今から料理教室へ行くとします。教室に入った瞬間、いきなり、先生から「今日はブフ・ブルギニョ

ンをつくります」と告げられました。その後もレシピが配られるわけでもなく、「まずは牛すね肉と野菜を一口大に切り、焼いていきます」「次に、薄力粉をまぶして入れて、粉っぽさがなくなるまで炒め…」と、どんどん授業が進んでいったら、どう思いますか？　おそらく、よほど料理に詳しい人でない限り、「ブフ・ブルギニョンって？」「どんな料理なの？」「今から何をつくるの？」と戸惑ってしまうのではないでしょうか。

　ところが、はじめに「ブフ・ブルギニョンはフランスの料理です」「牛肉を赤ワインで煮込んだもので、ビーフシチューに似た味わいです」と説明があったらどうでしょうか。たとえ、ブフ・ブルギニョンを知らなくても「ビーフシチューなら食べたことがある！」と、なんとなくイメージがわくはずです。

　レシピサイト（仕事で言う業務マニュアル）を見て料理をつくる場合も同様です。食べたことのない料理に挑戦する際、説明がテキストだけだと、そもそもつくる気になりませんよね？それに、材料や手順をしっかり守って、たとえ料理ができあがっても、「これで合っているのか」さえわかりません。一方で、調理後のイメージ画像が載っていたり、手順が動画になっていたりすれば、「目指すべきゴール」が明確になり、作業効率もぐんと上がるのではないでしょうか。

　部下・後輩にとっては、会社の仕事も「食べたことのない料理」と一緒で、完成形が想像できません。そのため、初めて提案書の作成を依頼するのなら、「これは、過去に別のお客様用につくった提案書なんだけど、こんなイメージだよ」と、まずは見本を示してあげることが大切です。

依頼編

営業職の提案業務なども同様です。トーク文例集や営業マニュアルを用意している会社は多いですが、文字情報だけでは、話すスピードや声のトーン、抑揚の付け方も部下・後輩にはわかりません。まずは、社内でロールプレイングをしたり、得意先のところへ行く際に同席してもらうなどして、手本を見せてあげるようにしましょう。

　この時、部下・後輩に早く仕事を覚えてもらう方法があります。それは、あらかじめ「次からは、冒頭の会社説明のところは○○さんにやってもらうからね」「来月からは、商品説明も○○さんに任せるからね」と伝えておくことです。こうすることで、部下・後輩に「私がやるんだ」という当事者意識が生まれるため、同席中もしっかり集中して学んでくれます。

　なお、「次からは任せるからね」というのは、必ず事前に告知しておきます。部下・後輩に知らせないまま、得意先訪問を終えた帰り道に、突然「じゃ、次からは全部○○さんにやってもらうから」なんて言うのは、ただの"無茶振り"です。

部下・後輩に初めての仕事を依頼する時は…

- その仕事の意味や目的、全体像を伝える
- 過去のサンプルや見本を見せる
- 営業職などの場合は手本や実例を見せる
- あらかじめ「次からはここをお願いするね」と伝える

コツ 16

残念な上司・先輩

口頭での簡単な説明だけで、初めての仕事を依頼する

信頼される上司・先輩

○ 部下・後輩がイメージしやすいよう、見本を用意する

○ 形がない仕事の場合は、自分自身でまず手本を見せる

○「次は任せるね」で、部下・後輩の当事者意識を高める

依頼編

レベルや段階を考えて依頼をする

　下手な依頼には、大きく分けて2種類あると思っています。ひとつは、上司・先輩の説明が不十分であることです。そしてもうひとつは、部下・後輩のレベルに見合っていない依頼をすることです。

　前者については、この「依頼編」全体を通じて解説していきます。本項でピックアップしたいのは、後者です。部下・後輩のレベルや段階を考えて依頼をするのは、とても大切なことなので、少し手厚くページを割いてお話しします。

　例として、私が工務店に就職したとしましょう。入社早々、上司・先輩から「木の椅子をつくって」と命じられたとします。シンプルなものなら、悪戦苦闘しながらも、トンカチやノコギリを駆使して、なんとか仕上げられるとは思います。

　しかし、「じゃあ、次は木造2階建てをつくって」「これ、マニュアルね」と依頼されたら、いくらマニュアルに詳細な写真や図面が載っていたとしても、できるはずがありません。

　あえて極端な例を出しましたが、部下・後輩にこのような依頼をしてしまう上司・先輩は残念ながらいるのです。

「はじめに」でお話ししたように、最近「配属ガチャ」という言葉が、新入社員の間で頻繁に使われています。配属ガチャの大ハズレをこの本からピックアップするなら、「準備編」の「負のオーラを周りに出す上司・先輩」や「日常編」の「自分の間違いを認めない謝らない上司・先輩」そして、本項の「適切なレベルの依頼ができない上司・先輩」が該当すると思います。

こういった人の下についた部下・後輩は、本当に苦しいです。負のオーラはチームの雰囲気だけでなく個人の心にも影響しますし、自分の間違いを認めない謝らない上司・先輩は、部下・後輩の気づきや提言を素直に聞こうとしません。

それらと比較すると、適切なレベルの依頼ができない上司・先輩は、一緒に過ごす分には害は少なさそうですが、仕事を通した部下・後輩の成長という面で考えますと、とても悪い影響を与えます。なぜなら、こういった上司・先輩ははじめから、部下・後輩が到底できないような難易度の高い依頼をしてしまうからです。

たとえば、入社まもない新入社員に、いきなり翌日に必要な提案書の作成を1から10まですべてお願いする…。業界についても、商品についても何も知らない新入社員が、これらを完遂できるとは思えません。

その結果、部下・後輩に「できなかった経験」ばかりを積ませてしまい、部下・後輩の自己肯定感をどんどん低めてしまいます。最悪、部下・後輩を精神的につぶしてしまうこともあり

ます。

　まずは簡単な仕事から依頼する。それができたら、少しレベルが高いものを任せる。ひとつずつステップアップしていけばいいのです。

　少しだけ、例外を紹介しておきます。一般的には、難易度の低いものからお願いするのがベストですが、部下・後輩が以下の項目にすべて合致する場合には、必ずしもこの限りではありません。

- 特定分野での経験があることを確認している
- 部下・後輩のパーソナリティをよく知っている
- 部下・後輩とコミュニケーションも密にとれている

　たとえば、部下・後輩が「中途入社で、前職で××を経験してきた」といったケースです。このような時は、通常なら入社３カ月目くらいに任せるような××業務を、その部下・後輩に依頼しても問題ありません。

　ただし、この場合もパーソナリティをしっかり理解していることが大前提です。「まだ入ったばかりなのに、こんなことを任されては、荷が重い…」と感じてしまいそうな部下・後輩には、当然ながらお願いしてはいけません。

　また、コミュニケーションをとる頻度も意識的に多くすることが条件です。部下・後輩が途中で「手に負えないな」「誰かに手伝ってもらいたいな」と思った時に、声をかけられやすい状況でないと、プレッシャーで部下・後輩を精神的に追い込んでしまうかもしれないからです。

難易度のほかに、もうひとつ気をつけたほうがいいことがあります。それは、仕事の「期間（スパン）」です。

　最初は何時間もかかるものではなく、１、２時間で終わるようなものから依頼します。短い時間で完了できるということは、その仕事が簡単かつ、フィードバックもすぐにできるからです。間違っても「１カ月におよぶプロジェクト」といったものは依頼しないようにしましょう。

　また、日をまたぐ仕事をお願いするのも、はじめのうちは避けます。２日以上かかる仕事を依頼するのは、職場に慣れてからにするのがベターです。職場にも仕事にも慣れないうちに、日をまたぐ仕事を依頼してしまうと、部下・後輩は自宅に帰った後も「明日までにあの仕事、終わるのかな…」と不安に思ってしまう可能性があります。業務用のパソコンは持って帰らなくても、頭の中で仕事を持ち帰ってしまっている状態なので、精神衛生上も、よくありません。最初のうちは、１日以内で完結する仕事を依頼するようにしましょう。

　信頼される上司・先輩というのは、スポーツのコーチにも似ていると思います。ジュニアの名コーチが選手たちに最初に課すのは、難易度の低いことだと聞いたことがあります。それも、選手が「明らかにうまくできること」を課すそうです。

　そして、選手たちがそのオーダーを達成した瞬間、コーチは「うまい、うまい！」「いや、君、センスあるね」と褒め称えるのです。選手たちも、たとえ口では「いえ、簡単なことですから…」と謙遜していても、そんなふうに称賛されて悪い気はし

ませんよね。

　そうして、オーダーのレベルを少しずつ上げていき、昨日できなかったことが今日できるようになったり、さらにうまくなったりするそうです。子どものころに、こういったコーチと出会ったことがきっかけで、そのスポーツが好きになり、そして上達していく選手も多いのではないでしょうか。

　上司・先輩も同様です。部下・後輩が昨日知らなかったことを知ったり、できなかったことができるようになったりという「成長実感」や「喜び」を感じてもらえるかどうかは、上司・先輩の手腕にもかかっていると思います。
　個々人に応じた適切な難易度・スパンの仕事を割り振り、毎日成長を実感してもらえるように導いていけたら、みなさんがきっかけで、部下・後輩も仕事に対してやりがいを感じてくれるかもしれません。そうなれば、まさにこの本が目指す「部下・後輩から信頼される人」になれるのです。

コツ 17

残念な上司・先輩 ❌

難易度や所要時間を考慮せずに、
仕事の依頼をしてしまう

信頼される上司・先輩

○ 部下・後輩とって、適切な難易度の
　仕事を依頼する

○ 最初のうちは、次の日に
　持ち越さない仕事を依頼する

○ 昨日より今日、今日より明日の、
　成長実感を持たせる

依頼編

18 できる限り具体的に依頼をする

　仕事を依頼する上司・先輩は、頭の中に完成形が浮かんでいます。だからこそ、2つ前の「見本や実例を見せて依頼をする」の項目では、上司・先輩が過去のサンプルや手本を見せることの重要性をお伝えしました。

　とはいえ、すべての仕事において見本があるわけではありません。そんな時に意識したいのが、本項の「できる限り具体的に依頼をする」ことです。

　部下・後輩が配属されてからしばらく経ち、仕事についてある程度理解が深まってきたのなら、「いつもの感じで資料をつくっておいて」と言っても問題ないかもしれません。しかし、新卒・中途入社の社員が、部下・後輩として配属されてから間もないうちは、業務はおろか、自社についてもよくわかっていない状態です。そのような段階では、なるべく抽象的な表現は避けましょう。

　たとえば、以下のような言葉を普段からよく使ってしまう人は注意してください。

> **仕事を依頼する際に避けたい表現例**
> - **「いい感じに／うまい具合に」**といった出来栄えに関する表現
> - **「多めに／大きめに」**といった個人の感覚に左右される表現
> - **「よさそうな／使えそうな」**といった個人の主観に左右される表現

　例として、友人宅でパーティーを開くとしましょう。友人から「おいしそうなおかずを適当に買ってきて」と依頼されたとします。そこで、みなさんはお寿司とピザ、足りなかったら困るので、焼きそばとたこ焼きも購入しました。「パーティーメニューの定番だから、きっと友人は喜んでくれるだろう」と、ウキウキした気持ちで友人宅へ向かいます。

　ところが、友人からは思わぬ発言が飛び出しました。「えっ、炭水化物ばかりじゃん！」「しかも、メンバーは3人なのに、多すぎるよ」

　どちらが悪いという話ではありません。けれども、以下のようなことを事前に伝えていたら、このような事態に陥らなかったかもしれません。

【抽象的な依頼】→【具体的な依頼】
- 「おいしそうなおかず」→「(例) 中華料理を」
- 「適当に」→「(例) 3人だから、4〜5品くらい」

　こういった情報が事前にあれば、みなさんも「それなら、餃子とチャーハンと酢豚と…」といった具合に、バランスよく選べるのではないでしょうか。

　仕事に置き換えて考えてみます。たとえば、抽象度の高い以

下の依頼を、具体的に表現するとこうなります。

> **抽象的な依頼**
>
> 「この提案書、去年のこれを真似て、いい感じにつくってみて。事例も多めでお願い」

> **具体的な依頼**
>
> - 「去年のこれを真似て」→「(例)去年と同じ青色の背景で」
> - 「いい感じに」→「(例)説明文の横に画像や図表を入れながら」
> - 「事例も多めで」→「(例)製造業に関する事例を4～5個」

この際、注意したいのが、一度の説明にすべてを詰め込まないことです。いくら具体的に説明をしていても、「色を去年のものに合わせて、画像や図表を挿入しながら、製造業に関する事例を4～5個載せてくれる？　事例については、Aさんか、Bさんが詳しいから。うちと取引がすでにあるC社の事例は使ってね。あとD社もいいかも」とならないように注意しましょう。間髪を入れず話してしまうと、部下・後輩が聞き取れず、「何業界だっけ？」「誰に聞くんだっけ？」と頭の中が「？」でいっぱいになってしまう可能性があります。部下・後輩の理解が追いついていないようなら、時々、説明を止めて少し待ったり、ゆっくり話してあげるようにしてください。

コツ **18**

残念な上司・先輩 ✕

わかりにくいあいまいな表現で、仕事の依頼をしてしまう

信頼される上司・先輩 ◯

○ 数や固有名詞を出しながら、具体的に依頼をする

○ 部下・後輩が、完成形をイメージしやすいようにする

○ 一気に説明をせず、部下・後輩の様子を見ながら説明をする

依頼編

依頼をする際には丁寧に伝える

　私は20年以上、採用にかかわる仕事をしています。この仕事に携わっていると、いろいろな人の履歴書を見る機会があります。最近はWordやExcelなどで履歴書を作成することが多いですが、以前は、履歴書は手書きが基本でした。

　ずっと履歴書に目を通していると、字がきれいでも時間をかけずサッと仕上げたものと、たとえ字は下手でも丁寧に書かれた履歴書が見分けられるようになります。不思議なもので字の上手い下手に関係なく、文字の「とめ、はね、はらい」や、字と字の間隔のとり方などに、丁寧に書かれているかがにじみ出ます。採用者側からすると、文字が上手くなくても、時間をかけて丁寧に書かれた履歴書のほうに好感が持てるのは、言うまでもありません。

　研修などで「部下・後輩に仕事を依頼する際は、丁寧に伝えましょう」と言うと、「私は人に教えるのが上手じゃない」「そもそも、コミュニケーションをとるのが苦手」と戸惑う人がいます。もちろん、依頼にはこれまでにお伝えしてきた「見本や実例を見せて依頼をする」「できる限り具体的に依頼をする」

といったテクニックも重要です。でも、それと同じくらい大切なのが、本項の「依頼をする際には丁寧に伝える」です。部下・後輩に対してスマートに教えられるようになるのは、少し時間がかかるかもしれませんが、「丁寧に」伝えることは、今この瞬間からできます。部下・後輩が依頼内容をわかりやすいように、依頼をする上司・先輩が、一つひとつ丁寧に伝えてあげればよいのです。

むしろ残念なのは、「私、コミュニケーション能力が高いから」「部下・後輩と人間関係を構築できているから」と勘違いして、「これ、いつもみたいにやっておいて」といった雑な依頼をしてしまう上司・先輩です。また、普段は丁寧な依頼をしているのに、忙しかったり、イライラしていたりして、雑な依頼をしてしまう人もいます。みなさんは、そんな残念な上司・先輩にならないようにしてください。

間違えがないように、念のためお伝えしますが「優しい」と「丁寧」は違います。優しく依頼ではなく、丁寧に依頼です。優しい態度で依頼よりも、依頼内容を丁寧に、が大切です。

とくに注意したいのは、メールやチャットツールなどでの依頼です。文字情報は、口頭で説明をするより伝わりにくい場合があります。たとえば、上司・先輩からいきなり「例の件、よろしく」なんて指示が飛んできたら、部下・後輩は「例の件って？」「よろしくって何をすれば？」と混乱してしまいます。部下・後輩も人間ですから、時には「あの人はいつも無茶振りばかり」と不満に思ってしまうかもしれません。

文字で依頼をする際も、なるべく丁寧な依頼を心がけます。たとえば、「提案書に掲載する事例を探しておいて」と依頼する場合も、以下のようなイメージで伝えます。

メールやチャットで依頼する際も、具体的かつ丁寧な依頼を

✘「提案書に掲載する事例を探しておいて」

〇「明後日の〇〇社への提案書に載せる事例を、以下の条件で探してもらえますか？
　・関東地方にある製造業の会社
　・自社商品の××を採用している会社
　・事例は最低でも3社、できれば5社
　もし、わからないことがあれば、聞いてください」

　たとえ、外出先からであっても、電話をかけて口頭でもフォローしたり、同じフロアにいる場合は、部下・後輩の席まで行って「さっきチャットを送ったから、手が空いたら見てくれる？」と一声かけたりすれば、より丁寧です。余談ですが、私は今でも、社員にチャットを送った後は、「確認してくれる？」「不明点は聞いてくれる？」と直接伝えに行きます。
　最近は、同じフロアの見えるところにいる相手にも、直接話しかけず、チャットを送ってそのまま…という人もいるようです。部下・後輩は上司・先輩の背中を見て育ちます。みなさんが雑な依頼・行動をしていたら、部下・後輩もそれが当たり前だと思って育ってしまいます。上司・先輩のみなさんは、日頃から気をつけるようにしてください。

コツ
19

残念な上司・先輩

部下・後輩のことを考えずに、
雑な依頼をする

信頼される上司・先輩

○ 部下・後輩がわかりやすいように、
　丁寧に依頼をする

○ わからないことがあったら
　質問して、と一言添える

○ 文書で依頼した際も、
　電話や口頭でフォローする

依頼編

20

依頼事項の確認を段階的にする

　依頼事項の確認には、大きく分けて3つの段階があります。1つ目は、部下・後輩が仕事に着手してすぐの初期確認、2つ目はある程度進めてからの中間確認、そして最後に、依頼が完成してからの最終確認です。順に見ていきましょう。

①初期確認

　まず、仕事の進捗が5〜10%くらいの段階で、一度確認をします。部下・後輩によっては出だしから行き詰まっているケースもあるので、早めにフォローができれば、その依頼業務にかかる時間を短縮できる可能性もあります。

　時には、部下・後輩が依頼内容について大きな勘違いをしていることもあります。依頼した成果物ができあがってから確認して「思ったのと全然違う!」と気づいては、そこに至るまでの部下・後輩の労力も無駄になってしまいますし、最悪の場合、期日に間に合わないかもしれません。初期確認の時点で軌道修正ができれば、そういった事態を未然に防ぐことができます。

　料理でたとえるなら、ひとまず、材料を揃えた段階で確認するイメージです。「お肉はあるね」「にんじんと、玉ねぎもある

ね」「カレーをつくるなら、じゃがいももあったほうがいいんじゃない？」…この時に「あれ、カレーなのに、どうしてシチューのルーがあるの？」と気づければ、部下・後輩が誤って「シチュー」をつくってしまうことはありません。

②中間確認

　初期確認ができたら、次に行いたいのが中間確認です。中間地点で改めて確認することで、再度、方向性のチェックをしたり、部下・後輩が行き詰まっていたら、フォローを入れたりします。

　ただし、初めて仕事を依頼する際、「じゃあ、半分までできたら一度見せてね」というふうに伝えるのは、あまり得策ではありません。部下・後輩にとっては「半分」がどこなのか、どれくらい進んだ段階で確認してもらえばいいのか、判断がつかないからです。「提案書がだいたい10枚くらいになると思うんだけど、4枚くらいできたら持ってきてくれる？」といった形で、こちらから目安を提示してあげましょう。

　なお、中間確認をする際は「時間」で区切らないようにします。山登りを例にすると「じゃあ、5時間後に連絡してね」と言ったとしても、5時間後にどこまで進んでいるかは、人によって大きく異なります。どんどん進んでいる人もいれば、序盤で道に迷ってしまう人もいるかもしれません。そのため「山の5合目に到達したら」「〇〇に着いたら」といった具体的な形で示してあげるのが理想です。それなら、連絡がずっとなければ、「迷っているのかな？」とこちらから確認することができますし、5時間経った後に「え、まだ入口付近にいるの？」と、

慌てることもありません。

③最終確認

　部下・後輩の成果物に対して、しっかり目を通し、フィードバックをします。残念な上司・先輩の中には、この確認作業をおろそかにする人がいます。その場では「OK！」と適当な返事をし、翌日「やっぱりここが…」と「後出し」してくる人もいます。部下・後輩からすると、「昨日はOKって言っていたのに」と不満に思うことでしょう。すぐに確認できない時は、「後で見ておくね」「フィードバックはその時にするね」と伝えるようにしましょう。

　初期確認、中間確認、最終確認の重要性をお話ししてきましたが、世の中には、驚くことに部下・後輩の横にずっとついたまま、これらの指導をする人がいます。たとえば、提案書を作成する際に、「まずは〇〇と入れて」「この図はもう少し右に寄せて」「よし、じゃあ、次のスライドに行ってみよう」といった具合に、自分が口頭で指示をし、部下・後輩が手を動かすようなイメージです。もちろん、パソコンを使ったことのない部下・後輩なら、はじめは手取り足取り操作を教えなければいけないかもしれません。ですが、ずっとこのままでは、部下・後輩の思考を奪ううえに、部下・後輩たちをただの作業者にしてしまうので、みなさんは、このようにはしないでください。

残念な上司・先輩

依頼したら部下・後輩任せで、ろくに確認をしない

信頼される上司・先輩

- 初期確認、中間確認、最終確認をきちんと行う

- 確認のタイミングについても、明確に指示をする

- 確認をするだけでなく、必要なフィードバックもする

依頼編

21

依頼事項を一方的に回収しない

　依頼事項を一方的に回収しない。
　これは、私の戒めとしても、この本に記しておきたいと思う項目です。
　部下・後輩に依頼した仕事の進行が芳しくない時、いったんは完成していても、自分が思ったような出来栄えになっていない時。そんな時に「あとは私がやっておくから」と、一方的に依頼を回収するのはよくないことです。ひょっとしたら、みなさんも過去に、上司・先輩からこのように言われた経験があるかもしれません。

　恥ずかしながら、私自身も会社勤めだったころは、後輩にこのように振る舞ってしまっていました。私が働いていた会社は、ある程度規模の大きい企業だったので、毎年、新入社員が入社して来ていました。私が入社して3年目で、同じ部署に4人の後輩がいました。
　会社での仕事は忙しく、後輩にもいろいろな仕事を振っていました。けれども、ここまでに何度も記してきたように、どれだけ優秀な新入社員でも、はじめから入社3年目の先輩より早

く仕事ができる人なんて、そうそういません。「これくらいの時間でできるだろう」と、自分を基準にしたまま後輩のＡさんに依頼した仕事が、納期の前日の夕方になってもできていないことはしょっちゅうでした。

　その時に若かりし私が思ったのは、「これ、Ａさんでは今日中に終わらないだろうな…」――そこで「もういいよ、あとは私がやっておくから」と、その仕事を引き取りました。

　当時の自分をフォローするのなら、「遅くまで仕事をさせるのは可哀想だし、自分で仕上げたほうが早い」と、後輩のためを思う気持ちもありました。けれども、今、改めてその時の後輩の心情を想像すると、「お客様や先輩の役に立つことができなかった」「自分は仕事ができないのかもしれない」と、思わせてしまっていたかもしれません。

　この本を手にとってくださった方の中には、管理職にいながら現場の仕事をこなす、プレイングマネジャーの方もいるでしょう。プレイングマネジャーは、現場のことをよくわかっているというよい面もありますが、これは、裏を返せば「いざとなったら、自分が現場の仕事をできてしまう」ということでもあります。当人が非常に優秀であるケースも多いので、部下・後輩の仕事に対し「依頼事項が十分に伝わらない」「スピードが遅い」「出来栄えがよくない」と思った際に、「もう、私がやります」と一方的に依頼を回収してしまう危うさもあります。

　部下・後輩にとっては「遅い！」と叱られるのもつらいですが、途中で仕事を一方的に回収されるのも、遠回しに「あなたは出来が悪い」と言われた気になるものです。それに、部下・

後輩としては、せっかく時間をかけてやってきた労力が、無駄になったようにも思うでしょう。これを、金曜日の夕方に言われてしまった日には、とぼとぼと帰路につき、土日は悶々とした気分で過ごすことになります。
　一方で、上司・先輩側に視点を移してみると、土日の間に、部下・後輩から回収した仕事をひとりでせっせとこなしているかもしれません。こういった状況は、どちらのためにもよくありません。

　そうならないためには、まずは、ここまでの「依頼編」でお伝えしてきた内容を踏まえて、仕事をお願いするに限ります。私自身の過去を振り返ってみてもそうなのですが、部下・後輩が依頼を完遂できないのは、依頼の説明が不十分か、その仕事の難易度が高すぎるのが理由であることが多いです。「翌日に必要」など、作業する時間が部下・後輩にとって十分でないケースもあります。まずは、そのような依頼をなくすようにしましょう。
　それでも、時には、どうしても仕事を回収しなければならない場面もあります。そのような際は、「ここまでやってくれてありがとう」と、感謝の気持ちを示します。そのうえで「ここからは、少し難しいから私が引き取ります。これは、難易度を考慮せずに依頼してしまった私の責任です」「次は、〇〇さんが完遂できる仕事をお願いするから、今日はもう帰って大丈夫です」と丁寧に伝えてあげることです。間違っても、「もう、いいよ」と一方的なコミュニケーションにならないように気をつけてください。

コツ 21

残念な上司・先輩

一度依頼したことを、
説明もなく一方的に回収する

信頼される上司・先輩

○ 仕事を依頼する際に、
難易度と事前説明を押さえている

○ 依頼事項を回収せざるを得ない時には、
十分に説明をする

○ 取り組んでくれた部下・後輩に感謝し、
自己は反省をする

指導育成編

指導育成編

部下・後輩に仕事に興味を持ってもらう

　ここからは、部下・後輩の育成にフォーカスした「指導育成編」です。まずは、部下・後輩に仕事に興味を持ってもらうにはどうすればいいかを検討していきます。

　突然ですが、みなさんは「よい上司・先輩」の定義について、どうお考えですか？
「仕事熱心な人」「面倒見がよい人」など、いろいろ意見があるかと思いますが、私が若い時は「仕事を手取り足取り丁寧に教える人」だと思っていた時期がありました。いずれも完全な間違いではないのですが、答え合わせをする前に、少しだけ昔話をさせてください。

＊　　＊　　＊

　私がまだ大学1年生の時、家庭教師のアルバイトをはじめました。
「教えるのが上手な先生」を目標に掲げていた私は、「どうすれば英語の長文をわかりやすく教えられるのか」「国語の古文

の教え方はどうすればいいか」を真剣に考え、学生なりに一生懸命仕事に取り組んでいたと思います。

　授業毎の事前準備もしっかりこなし、教え子からの評判も上々でした。生徒から「先生、すごく理解できました」「来週の授業も楽しみにしています」と言われた授業からの帰り道は、「私は、なかなかいい教え方をしているな」と悦に入ったものです。

　そんな私を変えたのは、ある高校生の男の子との出会いでした。
　その子（A君としましょう）は、人付き合いが苦手で、学校に上手く馴染めないことをずっと悩んでいました。A君のお母様からも「先生（私）以外と話せないんです」「先生がいなきゃ、勉強もしないしダメなんです」と、最初は週に1日程度だったのが、途中から週3日、家庭教師として伺うようになりました。

　ある日、私はA君に「私とは普通に話せるよね」「どうして学校の子たちとは話せないの？」と尋ねてみました。
　A君は、「先生は、僕に話しかけてくれるから」「学校は、もう僕以外でグループができてしまっているし、今さら誰も、僕になんて話しかけてくれない」と答えました。
　A君の発言を受け、私はあることを思い出しました。同じ大学にいた、アメリカ人の留学生です。A君のお母様とも相談し、私は大きな作戦に打って出ることにしました。

「A君さ、夏休みの間、ハワイに留学するのはどう？」

私の考えは、こうです。今いるコミュニティがＡ君のことを受け入れてくれないのなら、新しい環境に飛び込んだほうが、友人ができるかもしれない。それに、大学の留学生を見る限り、アメリカ人は明るくて、多民族国家のせいか、社交的で人づきあいが開放的な人が多く、向こうから積極的に話しかけてくれる。私自身は留学経験がないので、改めて考えてみると、非常に脈絡のない話ではありました。ですが、「このままの空間に閉じこもっているより、Ａ君にとっては何かを変えられるきっかけになるのでは」「Ａ君は、環境を変える必要がある」と真剣に思ったのです。

「ハワイに行くために、真剣に英語を勉強してみない？」
　Ａ君が変わったのは、それからです。以前は、私が家に行かない平日の火曜日、木曜日には、まったく勉強をしていませんでした。けれども「ハワイに行く」という目標ができてからは、彼は自発的に机に向かうようになりました。
　この時、私が知ったのは、「どれだけわかりやすい説明をするよりも、本人が『勉強したい』と思えるような目標を提示してあげることのほうが、ずっと大切なんだ」ということでした。
　夏休みが明け、こんがりと日焼けをしたＡ君は言いました。

「先生、すごくよかったよ！　僕、冬休みにも行きたい！」

　そうして、Ａ君は冬休みにはアメリカの西海岸に１カ月間の留学をし、高校３年生になってからも、留学をしました。そして最終的に、Ａ君はアメリカの大学に進学しました。

＊　＊　＊

　これは、私にとっても忘れられない経験となりました。
　それまで、私はずっと「教えるのが上手な先生」になろうとしていました。ですが、この経験を通じて「自分が教えるのが上手いかどうか」よりも、A君に学ぶ楽しさを知ってもらい、「生徒が自発的に学ぶきっかけをつくる先生」になるべきだと学びました。

　仕事においても、部下・後輩から「この件、どうしましょう」と相談を受けることもあるでしょう。その際、「よし、一緒に考えよう」と手取り足取り優しく教えるのも、間違いではありません。
　けれども、私は、部下・後輩からそういった相談を受けた際、まずは「それは、〇〇さんの腕の見せ所だね」と伝えるようにしています。

　仕事をしていると、トラブルが発生したり、少し気難しい得意先を担当することになったりと、いろいろあります。そのたびに、上司・先輩が手を貸せば、何事もスムーズに進行し、事なきを得るかもしれません。
　しかし、それでは、たとえ部下・後輩が懸命にその仕事に取り組んだとしても、どこか「上司・先輩の助けがあったから、なんとかできた」という印象が強くなってしまいます。

一方で、アドバイスをする前に「腕の見せ所だね」と伝えておけば、部下・後輩が上手く対処できた際に「自分の力で何とかできた」という喜びを感じてもらうことができます。「たしかに、この問題は難しいね」「でも、乗り越えられたらすごいことだね」と伏線を張っておくことで、仕事が達成できるたびに、やりがいや面白みを感じやすくなるのです。

「依頼編」でもお伝えしたように、部下・後輩に丁寧に仕事を教えるのは大切なことです。それと同時に、仕事に興味を持ってもらうことができれば、部下・後輩の学びの意欲、成長の度合いは格段に上昇します。まさに「好きこそ物の上手なれ」です。
　そのためには、仕事の一部分でもいいから、興味を持ってもらったり、好きになってもらったりすることが大切です。よい上司・先輩とは、部下・後輩の「人生そのものを豊かにするきっかけをつくる人」でもあるのです。

残念な上司・先輩

自分が上手に教えることばかりに捉われている

信頼される上司・先輩

○ 部下・後輩が仕事に興味を持つ「きっかけ」をつくる

○ 自分は「影の立役者」として、部下・後輩を支える

○ 部下・後輩が存分に活躍できるような土壌をつくる

指導育成編

23 部下・後輩の意見や考えを聞く

　入社、もしくは配属されて間もない部下・後輩は、上司・先輩に自分の考えを言いにくいものです。

　仮に、部下・後輩が「AとBのどちらにしよう」と悩んでいたとして、「6：4の割合でAかな」と結論を出したとしましょう。ところが、上司・先輩が部下・後輩の意見を聞かずに「これはBだな」と言ってしまうと、部下・後輩の多くは「そうですよね」と、自分の意見を引っ込めてしまいます。AとBが僅差であればあるほど、上司・先輩の意見に従う可能性は高くなりますが、中には「100：0でAだ」と思っていても、上司・先輩に同調してしまう人もいます。

　また「依頼編」で「部下・後輩に依頼をする際には、丁寧に伝えることが大切」とお伝えしました。しかし、この意味を履き違えて「とにかく1から10まで説明しなければ」と思ってしまう人がいます。その結果、常に上司・先輩が主導となって話してしまい、部下・後輩は聞き役に徹する、という構図が生まれがちです。

　人と人がかかわっていくうえで、片方の意見に合わせ続けた

り、どちらか一方が話し続けたりする関係性は、健全ではありません。そうならないために、どうすればいいか。ひとつは、上司・先輩が、部下・後輩に「どう思う？」と尋ねることです。「どう思う？」という言葉は、私もよく使います。「〇〇さんはどう思う？」「〇〇さんはそれでいいと思う？」——こんなふうに伝えてあげれば、部下・後輩も意見を言いやすくなるでしょう。そのうえで「私はこう思う」と後から自分の意見を伝えたらいいと考えます。

　それでも、なかなか発言してくれない部下・後輩もいます。そのような時は、「思ったことを率直に言っていいよ」「的外れなことでも問題ないよ」と一言添えることです。このようにして、発言のハードルを下げてあげると「あまり関係ないことかもしれませんが…」と少しずつ話してくれます。

　こうして、部下・後輩からよい意見が出ることはよくあります。例として、私自身の経験をお話ししましょう。

　前職での会社員時代、私は後輩と一緒に、ある新規の営業先を訪れていました。提案営業をした帰り道、何気なく後輩に「今日はどうだった？」と尋ねました。すると、後輩は「直接提案にはかかわらないことかもしれないんですけれど…」と、前置きしたうえで、こう語ってくれました。

　「お客様のうしろに、ホワイトボードが見えたんですけど、午後の予定に『〇〇社』と書いてあったんです。それって、うちのライバル社ですよね。ひょっとしたら、この後、相見積もりにかけられるんじゃないかなって」

　この後「それ、よく気がついたね。すごく重要だよ！」と彼

を褒めました。もし、この日、私が一方的に「今日は上手くいったな」なんて話していれば、後輩はこのような発言をしてくれなかったかもしれません。

　部下・後輩からすると、「営業経験が長いのは先輩だから、余計なことは言わないほうがいい」と遠慮してしまうものです。けれども、社会人経験や業界に対する知識が浅いからこそ、新鮮な目で物事を見られたり、新たな発見をしてくれたりすることは大いにあります。

　これまで、上司・先輩の役割について「部下・後輩の成長を支援すること」「部下・後輩の様子や状況を確認すること」など、いろいろ述べてきました。私は、上司・先輩の仕事のほとんどは、部下・後輩が成長していけるような「環境づくり」だと思っています。

　部下・後輩がしっかり根を張って、育っていくために必要なのは、実は栄養剤でも、肥料でもなく、よい"土壌"です。部下・後輩が意見しやすい雰囲気はあるのか。何か提案した際、上司・先輩は肯定的に受け止めてくれるのか。そういった環境さえ整っていれば、あとは太陽光と自然にもたらされる雨で、部下・後輩はすくすくと育ち、いずれ花を咲かせる日がきます。もし、そういった土壌が現時点で整っていないのなら、上司・先輩であるみなさんが、まずはそこから改善していきましょう。

コツ 23

残念な 上司・先輩 ✕

一方的に話してばかりで、
部下・後輩の話を聞かない

信頼される 上司・先輩 ○

○「どう思う?」で、
　部下・後輩の意見を促す

○ どんな気づきや意見でもOK、
　と前振りをしておく

○ 部下・後輩の気づきや意見から、
　新たな視点を見出す

指導育成編

自分の経験を部下・後輩に当てはめない

　いろいろな経験を積むのは、とても大切なことです。しかし、みなさんのこれまでの経験が、必ずしも部下・後輩にも応用できるとは限りません。

　たとえば、2つ前の「部下・後輩に仕事に興味を持ってもらう」でお伝えした、高校生のA君をアメリカに留学させた話は、その最たる例です。あの話は、A君の学校や生活環境・状況など、いろんな要素が上手く嚙み合ったからこそ、ハッピーエンドを迎えたのです。現在の境遇に悩んでいる人全員が、「環境を変えたいから」という理由だけでアメリカに行っても、確実に向こうでの生活に馴染めるかと言われると、そうではありません。だから、私自身もA君以外にアメリカ行きをすすめたことはありません。

　研修などでこうお話しすると、みなさん「そりゃ、そうだよね」とわかってくれます。一方で、仕事においてはどういうわけか、「自分の成功体験は、部下・後輩にとってきっと役に立つ」と思い込んでしまう人が、非常に多いのが現状です。

　例として、新規得意先をなかなか獲得できず、悩んでいる部

下・後輩がいたとします。そういった時に、一般論として「〇〇するといいよ」とアドバイスするのはよいことなのですが、残念な上司・先輩の中には「私の経験からすると、とにかくその会社に何度も足を運ぶといいよ」など、自分の過去の成功体験に基づいて、助言をする人もいます。

　比較的、年代が近い人の意見なら、部下・後輩にとっても汎用性があるかもしれません。しかし、上司の中には、最前線で活躍していたのが10年以上前の人もいるでしょう。そのころと今では、仕事上で求められることや人々の考え方など、前提条件が変わってしまっていることがほとんどです。当時は、何度も足を運ぶことが「情熱的でいいね」と肯定的に捉えられていたかもしれませんが、現在では、その会社の人から「大した用もないのに、何度もアポイントをとられるのがつらい…」と思われ、逆効果になる可能性もあります。

　とはいえ、困っている部下・後輩をそのままにしておくのも避けたいものです。このような時には、世代の近い上司・先輩を紹介するといいでしょう。
「〇〇さんの２つ、３つ上の、××さんと△△さんに相談してみたらどうだろう？」「２人とも、今は会社のエースだから、きっといいアドバイスがもらえるよ。２人には、私から声をかけておくよ」と、部下・後輩から相談できる場を「お膳立て」してあげるのです。
　たとえ、部下・後輩と歳が近い上司・先輩であっても、自分だけの経験を伝えるのは避けたいです。たとえば、ほかの人にも声をかけて、３人くらいの話を教えてあげたほうが、部下・

後輩の状況に合致したものも見つかりやすくなりますし、客観性も高くなります。

　もちろん、年齢の離れた上司・先輩が、絶対に自分の経験をもとにアドバイスしてはいけないわけではありません。たとえば、部下・後輩が得意先の部長のことで悩んでいて、自分も部長だったり、相手と年齢が近かったりする場合は「企業の部長職のひとりとして」の助言が、役に立つこともあります。ただし、「あくまで一例」であることは意識してください。

　また、時には部下・後輩から「〇〇さんだったらどうしますか？」と尋ねられることもあるでしょう。そのように意見を求められたケースも、「私が××社を担当していたのは、今から10年くらい前になるから、そのころの話だけどね」と、前置きしたうえで伝えてあげるのがいいでしょう。

　上司・先輩の助言が役に立つのは、部下・後輩よりも、ある事柄に対して「見聞きした数」が多い時です。たとえば、2社、3社しか担当したことのない営業部の部下・後輩に対して、「これまでの私の経験だと、100社のうち70社くらいは、こんなふうにすると喜んでもらえたよ」という一般論を話せたら、それは意味のある助言になります。

　人はどうしても、「私は過去にこんな偉業を成し遂げた！」と言いたくなるものです。けれども、みなさんは部下・後輩にアドバイスはしても、"武勇伝"は語らないようにしてください。

コツ **24**

残念な上司・先輩

過去の経験だけを頼りに、
部下・後輩にアドバイスする

信頼される上司・先輩

○ 汎用性や再現性があるアドバイスを、
　部下・後輩にする

○ 自分ではなく、アドバイスに
　適切な誰かを紹介する

○ これまでの経験をもとに、
　「数」に基づいた助言をする

指導育成編

自分の答えを部下・後輩に押しつけない

　前項で「自分の経験を部下・後輩に当てはめない」とお伝えしました。それと同じくらい気をつけたいのが、本項の「自分の答えを部下・後輩に押しつけない」です。

　自分の中に「絶対にこうだ」と答えを持っている上司・先輩は、少し厄介です。たとえば、先の「依頼編」の「できる限り具体的に依頼をする」で、友人に「おいしそうなおかずを適当に買ってきて」と依頼され、お寿司、ピザ、焼きそば、たこ焼きを持って行った例を挙げました。そこでは、友人に「炭水化物ばかり」と指摘される話でしたが、ここで言う自分の答えを部下・後輩に押しつける上司・先輩は、以下のような事態を招きます。

自分の答えを部下・後輩に押しつける残念な上司・先輩例

先輩：「社内懇親会でつまめるようなものを、いくつか買ってきてくれる？」

後輩：「わかりました。ピンチョスみたいな、話しながら食べられるようなものがいいですかね？」

先輩：「何を言っているの！　パーティーと言えばお寿司と

ピザと、焼きそばと、たこ焼きに決まっているでしょう」
後輩：「はっ、はい。わかりました」

〜懇親会会場で〜
社内の人：「何これ、炭水化物ばかりじゃん」
社内の人：「ね、びっくりした。誰が選んだんだろうね？」
後　　輩：（先輩に言われた通りにしたのにな…）

　なお、私は部下・後輩から、「この問題はどうすればいいですか？」と尋ねられた時、たとえ、自分の中に「こうしたほうがいいだろうな」という答えが浮かんでいたとしても、あえてすぐには言わないようにしています。その代わりに、「○○さんはどうしたらいいと思う？」と聞き返します。理由は、自分の力で考えない限りは、部下・後輩が成長しないからです。
　要領のいい部下・後輩の中には、楽をするために先回りして上司・先輩に確認をとろうとする人もいます。先に答えを聞いてしまえば、仕事自体は手早く終わらせることができますし、何かあった際は「××さんに言われたから」で済ますこともできます。けれども、こうして安易に答えを求めてばかりいては、自分で考える力は一向につきません。
　学校で習うような勉強と異なり、正解がないのがビジネスの世界です。そのような中で、自分なりの答えを探したり、自らつくり出したりするのが、仕事をする醍醐味でもあり、腕の見せ所でもあります。ところが、すぐに答えを提示しては、部下・後輩が「社会も、学校の勉強と同じように正解があるんだ」と勘違いしてしまいます。

そういった事態に陥らないためにも、私は相談を受けたとしても、一度「〇〇さんはどうしたらいいと思う？」と聞き返すようにしています。
　時には、部下・後輩が少し的外れな答えを出してしまうこともあります。そのような際にも、信頼される上司・先輩は自ら「こうだ」と言わず、上手く答えを引き出します。

部下・後輩の答えを引き出すことで信頼される上司・先輩例

上司：「社内懇親会でつまめるようなものを、いくつか買ってきてくれる？」
部下：「わかりました。どんなものがいいでしょう？」
上司：「〇〇さんはどう思う？」
部下：「お寿司、ピザ、焼きそば、たこ焼きなんてどうですか？　私、大好きです！」
上司：「〇〇さんはそう考えたんだね。たしかに、どれもおいしいよね。けれども、私みたいな年配者には、重く感じるかもしれないね。少し軽めのものを入れるのはどうだろう？」
部下：「軽いもの…。唐揚げとかですかね」
上司：「唐揚げもいいね。サラダとか、カルパッチョもいいかもね」
部下：「そうですね。では、魚を使ったカルパッチョはお寿司と重複してしまうので…焼きそばとたこ焼きをやめて、唐揚げとサラダにします。さっぱりしたものが必要なら、フルーツも探してみましょうか？」
上司：「うんうん、いいんじゃないかな」

学校のテストを例にすると、❶最初は記述問題（＝「〇〇さんはどう思う？」）で提示し、それが難しかったら、❷穴埋め問題（＝「少し軽めのものを入れてもいいかもしれないね」）にする。それもダメなら❸選択肢問題（＝「サラダとか、カルパッチョもいいかもね」）といった形で、難易度を下げつつも、最後まで部下・後輩が考える余地を残すイメージです。

部下・後輩も、はじめから記述問題は解けなくても、こういった一連の流れを繰り返すことで、次第に考える癖がつき、最終的には自らの力で解答できるようになります。

もうひとつ、部下・後輩が自分で答えを導きやすくするコツをお伝えします。それは「相手（部下・後輩）の土俵で考えてもらう」ことです。

私は、新入社員が入った際、学生時代に活動していた「部活動」を聞くようにしています。そして、それらを把握しておき、意見を求めたい時に「バスケットボールにたとえたら、こういう時はどうするの？」「吹奏楽部なら、どうやって一致団結するの？」といった具合に、部下・後輩が携わったことのある部活動にたとえて尋ねます。

自社の社員と自分を比べた際に、職務経験をベースにすると、どうしても私のほうが経験年数は長くなります。そうなると、社員としては「経験ある社長に意見や提案をするのはどうなのか」と、遠慮してしまいがちです。

けれども、バスケットボールや吹奏楽歴で比較すると、新入社員のほうが私より「先輩」になります（というよりも、経験ゼロなのでまったくのシロウトです）。すると、新入社員にとっては

詳しく話せる「自分の土俵」なので、「バスケならこうですね」「吹奏楽部なら、こんなふうにします」と、考えや意見を出しやすくなるのです。

　部活動を例に出しましたが、たとえば、中途採用の人なら「前職の会社ではどうしていた？」「前にいた〇〇業界では？」と応用がききます。
　ただ言葉で「どんなことでもいいから意見を出して」と伝えるだけでは、部下・後輩がなかなか意見を言わない場合には、一度相手の土俵にみなさんが上がったうえで、話を聞いてみるとよいと思います。

部下・後輩の答えを引き出すコツ

- **「どう思う？」**で部下・後輩の意見を促す
- **「記述問題」→「穴埋め問題」→「選択肢問題」**
  で部下・後輩の意見を促す
- **「相手の土俵」に上がる**ことで、意見を出やすくする

コツ
25

残念な上司・先輩

自分の答えを無意識のうちに
部下・後輩に押しつけている

信頼される上司・先輩

○ 質問をなげかけることで、
　部下・後輩の意見を引き出す

○ 質問の形式を変えることで、
　考える余地をつくる

○ 部下・後輩の「土俵」に
　上がって、意見を聞く

指導育成編

部下・後輩に成果や結果だけを求めない

　世の中の「厳しい上司・先輩」には、2つのタイプが存在すると思っています。

　ひとつは、「プロセス」に厳しい上司・先輩です。たとえば、営業部の部下・後輩があまり営業活動をしていなかったとします。その際に、「対面での訪問など積極的にアプローチをしてはどうか？」といった仕事の取り組み方を指導するのは、よいことだと思います。

　問題なのは、もう1つのタイプである、「成果や結果」だけに注目する上司・先輩です。自分のチームの成績が芳しくない場合に、部下・後輩に「いつになったら目標を達成できるんだ？」「どうして結果が出ていないんだ？」と、成果や結果だけを見てプレッシャーをかける厳しさは、部下・後輩のためを考えているようにも思えませんし、上司・先輩として機能しているとも言えません。

　現在、中間管理職にいる人はとくに、部下・後輩の育成だけでなく、会社から数値的な目標達成も求められ、苦しい立場にあると思います。とはいえ、成果や結果のみを見ているだけで

は、いつまで経っても部下・後輩が育ちません。この本を手にとってくださったみなさんは、そこに至るまでのプロセスにも着目するようにしてください。

　それでは、具体的にどうすればいいのかを「テスト後に生徒を指導する先生」を例に考えてみましょう。

結果だけを見て指導する残念な先生

先生：「今回、A君は50点だったね。何時間くらい勉強したの？」

A君：「5時間くらいです」

先生：「そうなんだ。じゃあ、次回のテスト前は10時間以上、勉強するとよいね」

勉強方法を詳しく見る指導上手な先生

先生：「今回、A君は50点だったね。何時間くらい勉強したの？」

A君：「5時間くらいです」

先生：「その5時間で、どんな勉強をしたの？」

A君：「2冊の問題集を1回ずつ解きました」

先生：「間違った問題は解き直さなかった？」

A君：「はい、いろんな問題を解いたほうがいいかなと思って」

先生：「それじゃあ、次は1冊の問題集を1周した後に、間違った問題をできるまで解き直してみようか。それで、まだ時間に余裕があったら、2冊目に着手するようにしよう」

指導上手な先生は、結果だけでなく、そこに至るまでのプロセスを見て、生徒の成績アップを目指します。
　これを仕事に置き換えると、以下のようなイメージです。

プロセスから原因を探り、一緒に考える上司・先輩
　上司：「ライバル社に仕事をとられてしまったんだってね」
　部下：「すみません…」
　上司：「その時の提案書を、見せてくれる？　どれどれ…。この提案内容自体は、今までにないアイデアで、素晴らしいね。けれども、この提案だと、得意先の業績がよくなる数値的な根拠が、少し足りなかったかもしれないね。ここをクリアすれば、きっと結果は変わってくると思うよ。今回は、事前に目を通せなかった私も悪かった。次回は、必ず確認するようにするからね」
　部下：「はい、自分も次回の提案には数値を入れます。ありがとうございます…！」

　結果ばかりに着目してはいけないのは、「100万円の仕事を獲得した」など、うれしい報告を持ってきたケースも同様です。もちろん、褒めないよりはいいのですが、「100万円！　すごいじゃないか」と言うよりは、「得意先をこまめにフォローしていたからだね」「〇〇さんのことを信頼してくれたんだね」と、そこに至るまでのプロセスを賞賛するほうが、部下・後輩もその成功体験を次にも生かしやすくなるため、よい上司・先輩と言えるでしょう。

コツ 26

残念な上司・先輩 ❌

部下・後輩に対して、
成果や結果だけを求める

信頼される上司・先輩

○ 成果や結果だけでなく、
　プロセスにも目を向ける

○ よくない結果の時は、
　プロセスからその原因を探る

○ よい結果が出た時も、
　そこに至る経緯を踏まえて褒める

指導育成編

部下・後輩の失敗経験を成長につなげる

　部下・後輩が仕事に失敗して落ち込んでいる時に、「大丈夫だよ」「気にしないで」と、励ます人は多いのではないでしょうか。そうしてエールを送ること自体が、必ずしも間違いというわけではありません。けれども、本書を読んでいるみなさんはそこで留まらず、部下・後輩が「その失敗を今後、どう生かすのか」という、これからのことに目を向けるところまで、支援してもらえたらと思います。

　仕事上の失敗やミスは、部下・後輩本人にとっては、つらい出来事です。一方で、上司・先輩視点で見ると、それは「チャンス」でもあります。なぜなら、一度そういった手痛い経験をしておけば、次からは気をつけ、同じ失敗を繰り返しにくくなるからです。そして、こういった経験は上司・先輩のフォロー次第で、部下・後輩の成長につなげることができます。
　私は、部下・後輩が上司・先輩がカバーできる程度の小さな失敗をした時、まずは、「1年目はいろいろなことに挑戦して、どんどん失敗してください」「3年目だと困りますが、1年目で失敗しておいてよかったです」と伝えるようにしています。

そのうえで、上手くできなかったことに対してフィードバックをしたり、振り返りを手伝ったりします。失敗の要因探しは、1人で行うより、2者視点で考えたほうが、明らかに質が高まるので、できる限りサポートしてあげてください。

たとえば、以下のようなイメージです。

部下・後輩がミスをした時

上司：「作成してくれた提案書、読みました。少し、誤字脱字が目立つかな」
部下：「すみません…」
上司：「〇〇さんは、どうしてこうなったと思う？」
部下：「締め切りが近かったので、少し慌ててしまったと思います」
上司：「ひょっとしたら、印刷せずに画面だけで確認したのかな？」
部下：「はい、そうです」
上司：「原因は、そこかもしれないね。意外に思うかもしれないけれど、紙に印刷して読むと、画面との二重チェックになるし、間違いを見つけやすくなるんだよ」
部下：「そうなんですね」
上司：「せっかくいい提案をしてくれているのに、得意先からすると、誤字脱字があるだけでいい加減な印象を与えてしまうからね。そんなふうに思われちゃうと残念じゃない？ そういう意味でも、慌てている時こそ、最終確認をしっかりね」
部下：「はい、わかりました！ すみませんでした」

注意点としては、「とにかく優しくすればいい」というわけではない点です。

　同じ失敗を繰り返す場合には、私は、「今後は、もっと真摯に取り組んでほしいと強く思うので、厳しく聞こえるかもしれませんが、しっかり聞いてください」と前置きしたうえで、厳しい内容も含めてストレートに伝えます。なお、叱り方については、次項の「部下・後輩の人格にダメ出ししない」でまとめていますので、そちらをご参照ください。

　ずっと「大丈夫だよ」と許し続けてしまうと、部下・後輩は「これでいいんだ」と勘違いしてしまいます。鉄は、熱いうちしか打てないように、新入社員も、一度"固まって"しまったら、そこから考えを変えにくくなるものです。部下・後輩の失敗をフォローしながら成長してもらうのは、なかなか難しい作業ですが、みなさんの腕の見せ所でもあります。

　当然のことですが、部下・後輩が目に見えて落ち込んでいる場合は、いきなり振り返りをしたり、注意をする前に、まずは部下・後輩の心が冷静になるまで待つようにしましょう。

　成功や失敗の実体験を、活かしてもらうコツはほかにもあります。「来年は教える立場になるだろうから、今回の経験を教える時の事例にするとよいですよ」と話をしておくと、部下・後輩が教える側になった時の視点を持てるので、より失敗経験を活かしやすくなります。ぜひ使ってみてください。

コツ 27

残念な上司・先輩 ❌

失敗した部下・後輩を励まし、
慰めるだけしかしない

信頼される上司・先輩 ⭕

○ 部下・後輩が失敗した時は、
　一緒に振り返りをする

○ 同じ失敗を繰り返す場合には、
　厳しい内容もストレートに伝える

○ 来年は教える立場になると伝え、
　失敗経験を活かしやすくする

指導育成編

28

部下・後輩の人格に ダメ出ししない

　ひとつ前の「部下・後輩の失敗経験を成長につなげる」でもお伝えしたように、私は、時には、部下・後輩を叱ることも必要だと思っています。料理をつくる際に、砂糖と塩の両方の調味料を使うほうが味わいに奥行きが出るように、指導にも「褒めること」と「叱ること」の両方が欠かせません。

　なぜなら、成長意欲がある部下・後輩ほど、褒めるだけでは、やがて限界が来てしまうからです。たとえ本人が口には出していなくても、プラスのフィードバックだけでは「もっと改善できる点を教えてほしい」などと、物足りなさを感じてしまうことがあります。もしくは「自分はおだてられているだけではないか」と思う人もいます。その結果、どうなるか。さらに成長できる環境を求めて、離職してしまうケースがあるのです。

　ただ、ここで言う「叱る」とは、決して「怒り」の感情を意味するものではありません。同時に、部下・後輩の人格にダメ出しするのももってのほかです。

　自分ではそんなつもりはなくても、注意をしているうちに、その矛先が部下・後輩の人間的な面に向かってしまうことがあります。

部下・後輩の人間的な面に、矛先を向けてしまう

上司：「作成してくれた提案書、少し、誤字脱字が目立つかな。なんで、こうなったの？」
部下：「申し訳ありません、締め切りが近かったので、慌ててしまって…」
上司：「○○さんは、こういうミスが多いよね。そもそも集中力が足りないんじゃないの？」
部下：「はい、気をつけます…」

怒りをぶつけないのはもちろんのこと、理詰めにしたり、あきらめたような言い方をしたりしてしまうのも、よくありません。部下・後輩に対して、以下のような言葉を使ってしまう人は、注意をしてください。

叱る際に、こういった表現は避けよう

- 部下・後輩に対して、上から目線で一方的・威圧的に伝えること
- 「なんで？」「どうしてこんなことになったの？」など、責めるような口調
- 「○○さんはここがダメ」と、「ダメ」の主語を部下・後輩にする
- 「○○さんはいつもそう」と、一つのミスからマイナスの横展開をしてしまう
- 「もういいよ」「もう知らない」など、あきらめているような言い方

そのうえで、部下・後輩が何かミスをしたり、失敗したりした時は、まずはその「事象」と「当人」を切り離して伝えるよ

うに意識します。

ダメなのは「あなた」でなく、あくまで「事象」

部下：「すみません、遅刻してしまいました…」

上司：「珍しいね、遅刻するという連絡もなかったけど、何かあったの？」

部下：「飼っているペットが急に嘔吐してしまって…」

上司：「それは大変だったね。もう大丈夫なの？」

部下：「今は落ち着きました」

上司：「ならよかった。ただ、事前連絡もなく遅刻ということ自体は、よくないことですね。次からは、どうしたらいいと思う？」

部下：「まずは事前に遅刻することの連絡を入れるべきだったと思います」

上司：「そうだね。事前に連絡をくれていたら、よかったですね」

部下：「はい、申し訳ありませんでした。次回からはそうします」

　私は、部下・後輩の「弁明」は聞いてあげるべきだと考えています。納得できるものなら、それ以上は追求する必要はありませんし、「こうしたほうが〇〇さんのためです」「一般的には、こう思いますよ」と指摘する必要があるなら、その場で伝えてあげるとよいでしょう。

コツ 28

残念な上司・先輩

怒ったり、部下・後輩の人格を
否定するような発言をする

信頼される上司・先輩

○ 部下・後輩を叱ることも時には必要だが、
　人格にダメ出ししない

○「事象」に対してのみ叱り、
　そこに怒りの感情は上乗せしない

○ 部下・後輩の弁明は聞いた上で、
　必要に応じて指導をする

レベルアップ編

レベルアップ編

部下・後輩に少し高めの目標を設定する

　入社・配属されてからしばらく経ち、部下・後輩が会社にも、業務にもすっかり慣れたら、「レベルアップ編」に突入しましょう。最初は「部下・後輩に少し高めの目標を設定する」です。「指導育成編」で、失敗経験も、部下・後輩にとっての糧になることをお伝えしました。一方で、できることが増えるにつれて、失敗したり、挫折したりするシチュエーションは減っていきます。要領のよい部下・後輩の中には、そもそもそういった場面に直面しない人もいます。このような時は、上司・先輩から、今までよりも難しい課題を出したり、高めの目標を設定してあげたりするといいでしょう。部下・後輩に新たなチャレンジに挑んでもらうことで、「成長できる機会」を意図的につくり出すのです。逆風が吹かないのなら、上司・先輩が風を起こしてあげるイメージです。

　なお、この成長の機会は、必ずしも「今までに挑戦したことのないような、新しい仕事」だけを指しません。たとえば、以下のようなケースも部下・後輩にとっては「少し高めの目標」となり得ます。

> **状況に応じた「少し高めの目標」を設定しよう**
> - 1日5件こなしていた仕事を6件に増やす
> - 1時間かかっていた仕事を50分で終わらせる
> - 先輩に同行してもらっていた提案営業を、1人でできるようにする

　このようにして、順調に結果を出している部下・後輩に対しても、「部下・後輩は放っておいても大丈夫だろう」と思うのではなく、新しい目標を用意するなどして、ポジティブな側面からの支援をしてあげてください。

　「指導育成編」の「部下・後輩の人格にダメ出ししない」で、成長意欲のある人ほど、プラスのフィードバックだけでは、やがて物足りなく思ってしまうとお伝えしました。

　仕事も同様で、"マンネリ"を感じてしまうと、そういった意識の高い部下・後輩は、さらなる成長とやりがいを求めて、他社への転職を検討してしまうかもしれません。ですが、常に手応えを感じてもらえる環境をつくることができれば、退職を未然に防げる可能性もでてきます。

　また少し高めの目標を提案した際、部下・後輩の中には不安に思ったり、「仕事を増やされた」と感じたりする人もいるかもしれません。万が一、あまり前向きな反応がない場合は、フィードバックやアドバイスの伝え方を工夫しましょう。

「少し高めの目標」を設定する際はポジティブに

○不安に思う部下・後輩には…

　「○○さんは、入社当時にできなかった××が、今では1人でこなせるようになったよね。それと同じように、『できること』を少しずつ増やしていけば、○○さんのスキルアップにもつながるよ。仮に『できること』を毎月1つずつ増やすだけで、1年後には12個のスキルを身につけることになるんだよ」

○「仕事を増やされた」と感じる部下・後輩には…

　「××の業務を今までは、1件4時間かけてやってきたけれど、それだと就業時間の半分ちょうどだよね。1日2件あると、残業をして対応した日もあったと思う。それなら、1件あたり、3時間30分でできたほうが、焦ってこなす必要もないし、余裕もできるよね」

　私がまだ新入社員だった時代は「会社からの評価が上がるよ」「お給料にもつながるよ」といった伝え方をする人が多かったように思います。けれども、最近は「人生100年時代」と言われていることからも「スキルが身につく」「付加価値が高まる」といった表現のほうが、共感してくれる人が増えているように感じます。

コツ
29

残念な上司・先輩

部下・後輩の成長度と関係なく、
目標を設定している

信頼される上司・先輩

○ 部下・後輩の現状を把握し、
　少し高めの目標を設定する

○ 成果を出している部下・後輩にも、
　フィードバックをする

○ 少し高めの目標は、
　部下・後輩に誤解のないように伝える

レベルアップ編

30

部下・後輩が活躍できる場（機会）を増やす

　部下・後輩にとっての「働きやすい環境」とは、上司・先輩がプラスのオーラを出している、部下・後輩が意見しやすいなどでしょう。その中でも「活躍できる場があるかどうか」は重要です。部下・後輩に活躍してもらうために、上司・先輩は部下・後輩の個性や能力に応じて仕事を振り分けたり、教育方針を考えることが大切です。

　反対に、残念な上司・先輩は、そういった特性を一切考慮せず、仕事を振り分けてしまいます。たとえば、以下のようなイメージです。

とりあえず仕事を振り分ける残念な上司・先輩

　上司：「新しい仕事、誰にお願いしよう？」
（たまたま、部下のAさんが目の前を通り過ぎる）
　上司：「あっ、Aさん、これ、お願いできる？」

　これでは、部下・後輩を「人手」としか捉えていないことになります。
　もう少し、例を出します。中学校の進路指導をイメージして

みてください。仮に「Bさんは、偏差値が60だから○○高校」「Cさんは、偏差値が50だから××高校」と偏差値だけで決めてしまう先生と、「Bさんは将来、留学したいんだよね。留学プログラムが豊富な△△高校や、英語の特化コースがある●●高校なんてどうかな」「Cさんは、高校でも真剣に野球を続けたいんだよね。野球の強豪校で、名コーチがいる▲▲高校も候補かもしれない。真面目な校風もCさんによく合っていると思うよ」と考えてくれる先生では、どちらのほうが生徒思いだと感じますか？　おそらく、多くの方が後者だと考えるはずです。

　これは、仕事においても、同様です。仕事を割り振る際も、以下のように依頼したほうが、部下・後輩のやる気もぐんと高まります。

個人の特性を踏まえて仕事を依頼する上司・先輩

（新しい仕事、誰にお願いしよう？　この会社が取り扱っている商材から考えると、理系出身のDさんがいいかもしれない）
──Dさんの前まで行き、上司が説明する。

　上　司：「…という仕事があるのだけれど、どうかな？」

　Dさん：「ありがとうございます。でも、厳密には、私が大学で学んでいた専門分野とは、少し異なるのですが、大丈夫でしょうか？」

　上　司：「そうだよね。けれども、文系出身の人よりはDさんが詳しいし、何より、先方は真面目な社員が多い感じなんだよね。何かを提案する際も、Dさんみたいに落ち着いていて、理論立てて話せる人が喜ばれると思うんだ」

Ｄさん：「…わかりました。精一杯やらせていただきます！」

　このようにして、部下・後輩の個性に応じて、活躍できる場を増やしてあげてください。
　一方で、世の中には「部下・後輩が活躍できる場を増やしてあげたいけれど、自分が追い抜かれてしまうのが怖い」という人もいます。実際、私もある企業の人事担当の方から、「人事部に入社希望している人のスキルが私よりはるかに高く、脅威を感じている」と相談を受けたことがあります。

　不安な気持ちはわかります。けれども、先にお話ししたように、上司・先輩が部下・後輩と比べて、優れている必要はありません。私自身も「この得意先は、私よりスタッフのＥさんが担当したほうが、成果が出る」「Ｆさんのほうが、相手が求めていることを理解している」と感じ、仕事を任せることがあります。
　それに、部下・後輩は、「あの時、先輩は自分がつかんだチャンスを私に譲ってくれた」など、きちんと理解してくれます。「情けは人のためならず」と言われるように、思いもよらぬタイミングで、ある日「よいカタチ」となって戻ってくることもあります。こういった不安から抜けられた時、上司・先輩としても大きく成長できるでしょう。

コツ **30**

残念な上司・先輩 ✖

部下・後輩の成長につながる機会を
つくろうとしない

信頼される上司・先輩 ◯

○ 部下・後輩の長所や能力に応じて、
　育成方針を考える

○ 自分より部下・後輩が優れていたら、
　部下・後輩に任せる

○ 部下・後輩の成長が、
　自分の成長にもつながると知っている

レベルアップ編

31

成長の要素に対して、褒める、叱る

「〇〇さんは、いつも共用部のゴミを拾ってくれて、とても助かるよ」

　上記の例のように、たとえ何気なく言ったことでも、「褒められたこと」「叱られたこと」は、それを言われた当人にとっては、とても印象に残るものです。

　多くの場合、人は褒められたことは意図的に繰り返すようになります。当然ながら、叱られたことは、次からはしないように気をつけます。つまり、上司・先輩が、部下・後輩のどんな行動を褒めるのか、叱るのかによって、部下・後輩の今後の意識が変わってくるのです。

　参考として、前著『入社1年目 上手くいく人へ成長するコツ33』でもご紹介した、私の昔話をさせてください。

　私が最初に入社した会社で、ある時、上司から「社長が、『笹田くんは頑張っている』と話していたよ」と褒められることがありました。

　社長とは、仕事で直接かかわることはありません。社員数も

多く、ある程度規模も大きい会社でしたし、新入社員も、その年は20名ほどいました。社長が私の仕事ぶりを把握しているとは思えません。

　それでは、私の何が評価されたのでしょうか。振り返ってみると「挨拶がよかったのでは？」と考えています。そのころ、私は社長に会うたびに「新入社員の笹田です。おはようございます！」と元気よく挨拶をしていました。

　この話を聞いた私は、その後、上司と得意先に同行する際も、「〇〇さん、新入社員の笹田と申します。どうそよろしくお願いします！」と元気いっぱいに挨拶しました。得意先の方も「御社の新入社員は元気でいいね」と、好感を持ってくれました。「明るく挨拶をすると褒められる」「今後も続けていこう」と思った瞬間でした。

　時は流れ、私は26歳で独立しました。初めて受注した仕事は、米卸業界のお客様でした。この仕事を獲得する際、私の会社を含めた3社の間で、競合プレゼンが行われました。

　プレゼンに参加していたほかの会社は、有名企業ばかりでした。初回の案件を受注すべく、私も気合いを入れて、プレゼンで話す言葉をすべて「米卸業界の業界用語」に置き換えて、本番に挑みました。

　そして、うれしいことに、その案件を当社が受注することができました。「やっぱり、業界用語に置き換えたのがよかったのかな」と思いながらも、その会社の社長様に「どうして当社を選んでくれたのですか？」と尋ねました。すると、その答えは驚くものでした。

「だって、笹田さんが一番、声が大きくて元気だったので。自分の会社を元気にしたくて頼むのだから、明るい人を選ぶのは当然でしょう」

新入社員のころから繰り返していた習慣が、ここでも活きたのです。

「元気に挨拶をしよう」というのは自発的に始めたことでした。けれども、当時の上司が褒めてくれなかったら、意識して続けていなかったかもしれません。

このように、「褒められたこと」「叱られたこと」は、言われた当人にとって「強いメッセージ」となり、心の中に残り続けます。

褒めたり叱ったりする際、ポイントとなるのは「これは、この人のよいところだな」「この部分を伸ばしたら、この人は成長するだろうな」と思えるような「成長の要素」を、ひとつでも多く、拾い上げることです。この成長の要素は、長い期間一緒に仕事をしたり、またちょっとしたことを見逃さないように「拾い上げないと」わからないものもあります。

当社の社員で、一時期体調を崩していた社員がいました（Aさんとしましょう）。体調が大丈夫な日は出社していましたが、調子が悪い日は在宅勤務で。そんな日が何日か続いていたある日のことです。朝、Aさんから会社に電話がありました。「今日も体調がよくないのかな？」と思って電話に出たら、Aさんから意外な言葉が発せられました。

「すみません、寝坊してしまいました…。朝礼に遅れるかもしれません。申し訳ありません」

　私は非常に驚きました。なぜなら、Ａさんが「今日も調子が悪いので在宅勤務で…」と言っても私や他の社員は気づかないのに、正直に言えるＡさんを、私は素晴らしいと思いました。
　Ａさんが出社してきてから、私はＡさんに、「寝坊してしまったことは反省してもらいたいけれど、それを正直に言えるＡさんは、素晴らしいです。その正直さを、これからも大切にしてください」と伝えました。
　私は「正直さ」というＡさんの心も、成長の要素（＝長所）だと考えています。このように、ほかの人がなかなか持っていない、その人特有の長所を見つけた際は、ぜひ褒めてあげるようにしてください。

　一方で、長所と短所は、時には表裏一体となります。同じ成長の要素でも、伝え方に苦労するのが「叱る時」です。叱る際の注意点として、「強いメッセージ＝強い口調」で話す必要はないという点です。私も、部下・後輩を叱る時は「今から、すごく大事な話をするからね」「これは、〇〇さんのこれからを考えると、とても大切なことだと思うから、私も言いにくいけれど話すね」と、言葉を選ぶようにしています。
　併せて、「もったいない」「惜しい」といった表現もよく使います。「ほかはできているのに、ここさえ改善できれば」というニュアンスを伝えることで、相手に「私のすべてを否定された」と誤解させないようにするためです。

レベルアップ編

たとえば、仕事がよくでき、自分にも厳しい上司・先輩がいたとしましょう（Ｂさんとします）。ストイックな分、部下・後輩にも、仕事に対してＢさんと同等の熱量を求めるあまり、「こんなこともできないの？」など、強い言葉を投げかけてしまっていたとします。

　もし、私がそんなＢさんに注意をするなら、「Ｂさんのこれからを考えると」と前置きしたうえで、「Ｂさんは、自分自身が仕事を頑張っていて、そのうえ成果を出せているから、求めているものが大きくなってしまうんだと思う。けれども、部下・後輩は、Ｂさんと比べて、まだまだ年次が浅い。そんな部下・後輩たちに、強い言葉を投げてしまうことをセーブできれば、Ｂさんは先輩としてもっと、もっと成長できるのに、もったいない」と伝えます。

　また、叱る際は基本的に一対一の対面で、第三者に聞かれない状況で行います。ただ、私は男性なので、女性の社員にフィードバックをする際は、その社員の上司に同席してもらうこともあります。もしくは、ガラス張りで外から様子が伺えるところで実施するようにしています。

　叱る作業は、上司・先輩にとってもエネルギーを必要とします。その時は、部下・後輩もショックを受けるかもしれません。けれども、成長意欲の高い人ほど「あの時、あんなふうに言ってもらってよかった」と、マイナスのフィードバックをひとつの機会と捉えて、さらなる成長を遂げてくれます。

コツ 31

残念な上司・先輩

上司・先輩の感情だけで、褒めたり叱ったりする

信頼される上司・先輩

○ 成長の要素を見つけて、
　褒めたり叱ったりする

○ 叱る際は、言葉選びや
　シチュエーションに気をつける

○ 部下・後輩の将来を考えた、
　フィードバックができる

レベルアップ編

32

部下・後輩の 勝ちパターンをつくる

「勝ちパターン」とは、一言で表現すると、仕事における「成功法則」です。

たとえば、20代の頃の私の勝ちパターンのひとつは、前項でお話しした「元気に挨拶をする」です。ただ、これはあくまでも私の例で、勝ちパターンは人によって異なります。誰かの勝ちパターンが、みなさんの勝ちパターンにもなるとも限りませんし、みなさんの勝ちパターンが、部下・後輩にも応用できるとは言い切れません。業界や職種によっても、求められる能力は違うと思います。つまり、成功法則は、一人ひとりが生み出していかなければならないのです。

そんな人それぞれの成功法則を、部下・後輩がつくりあげるところまで後押しできれば、みなさんは上司・先輩としてのミッションを立派に果たしたと言えます。

それでは、部下・後輩の勝ちパターンづくりをどのようにして支援していけばいいのでしょうか。私は、勝ちパターンができあがるまでには、まずは「確実に再現できること」が大前提だと考えています。

自転車を例にしてみましょう。おそらくみなさんも、自転車に乗る際は、最初にハンドルを持ち、自転車のスタンドを上げるかと思います。そうして自転車にまたがったら、ペダルの上に片足を乗せる。反対の足で地面を蹴ったら、ペダルの上に乗せた足を踏み込み、自転車をこぎはじめる…。こんな具合ですよね。

　その後、子どもがすっかり1人で自転車に乗れるようになったら、みなさんがしてあげられることは「ギアの使い方が上手だね」「緩やかな坂道でギアを重くするの、いいね」など、子どもの長所を発見し、褒めることです。前項でお伝えした「成長の要素」への着目です。

　ストレートに「ここがいいね」と賞賛しなくても、過去の私の上司が「社長が、『笹田くんは頑張っている』と話していたよ」と教えてくれたように、気がついたこと・伝え聞いたことを話すのもひとつです。

　同様に、必ずしも褒める必要はなく、「こういうふうにしている時が、うまく行っているね」と状況を説明してあげるだけでも十分です。たとえば、「〇〇さんが、××と言った時、お客様の反応がよかったね」と言うだけでも、部下・後輩は「そうか、こういうふうに話すとスムーズなんだな」と自覚してくれます。

　参考までに、私が自分の勝ちパターンとして心がけていることを、もうひとつお伝えすると、「物事がよい方向に運んだ時には、相手にその理由を聞くこと」です。

　きっかけは、前項でお話ししたお米の卸業社の社長様にフィードバックを求めた際、自分では思ってもいなかった答え（＝

声が大きくて、元気）が返ってきたことでした。その時「自分が思っている成功要因と、相手の方にとっての決め手は違うんだ」と感じたのです。それからは、仕事で何かが上手くいった時には必ず、相手にその理由を聞くようになりました。

　成功法則は、人によって異なります。一方で「これが私の勝ちパターンなんだ」と気づくきっかけは、私の過去の上司や、得意先の社長様など、誰かの言葉であることが多いです。
　まずは、部下・後輩が、1人で一通りのことができるようになるまで、支援する。そして、部下・後輩に成長の要素を見つけたら、褒めたり、気づかせてあげたりする。そうやって、自分の勝ちパターンを身につけた部下・後輩たちは、それぞれで「こうすればもっとよくなるかもしれない」「あんなふうにするのはどうか」と、どんどんそのサイクルを回し、やがて、独り立ちしていきます。そこまで支援できたら、みなさんは信頼される上司・先輩と言えるでしょう。
　また少し話はそれますが、勝ちパターンと異なり、負けパターン（上手く行かないパターン）は共通することが多いです。勝ちパターンは人によって異なりますが、負けパターンはどの人も似ているのです。特に年次が浅い部下・後輩が行う仕事での失敗は、その原因となっている行動がほぼ同じです。
　部下・後輩に共通する負けパターンは、その負けに繋がっている行動を止めたり変えたりしてあげることで、改善することが出来ます。複数の部下・後輩の育成にも使えますので、ぜひ皆さんも部下・後輩に共通する負けパターンにも着目してみてください。

コツ
32

残念な上司・先輩 ❌

自分の勝ちパターンを、
部下・後輩にも強要する

信頼される上司・先輩 ⭕

○ 常に、部下・後輩のプラスの
　側面を探している

○ 長所や成長の要素を見つけたら、
　それを言語化してあげる

○ 部下・後輩の勝ちパターンをつくり、
　独り立ちを支援する

レベルアップ編

33

上司・先輩としての勝ちパターンをつくる

　いよいよ、最後の項目です。みなさん、ここまで本当にお疲れ様でした。

　今までの32項目は「部下・後輩をいかにして成長させるか」にスポットを当てた内容でした。ラストとなる本項では、みなさんが上司・先輩としてレベルアップする方法についてふれたいと思います。

　前項で「部下・後輩の勝ちパターンをつくる」方法についてお伝えしました。実は、これは本項の「上司・先輩としての勝ちパターンをつくる」にも応用することができます。

　仮に、上司・先輩であるみなさんに、今年はAさん、翌年にはBさん、翌々年にはCさんという部下・後輩ができたとしましょう。Aさんに効果があった指導は翌年のBさんにも、そして、翌々年のCさんにも実行していきます。

　反対に、効果が今ひとつだった指導は、個別性を考慮して、Bさんまではおこなってみて、それでもイマイチだったら、次のCさんには実行しない。こんなふうにして、上司・先輩としての経験を積み重ねていくと、「こんな時にはこうする」「この

ようなタイプの人にはこう」といった、みなさんだけの成功法則ができあがっていきます。

　すでに部下・後輩がいる方は「これは効果があったのでは？」と思うことを一度、棚卸ししてみてください。現時点で、部下・後輩を持った経験がない人は、「人を育てるのが上手だ」と思う人に、勝ちパターンを尋ねてみるといいでしょう。聞く相手は、先輩でも、上司でも、役員でも、社長でも、誰でもかまいません。みなさんが「よい上司・先輩だ」「自分もこんなふうになりたい」と思うような人に相談するといいでしょう。
　聞き方としては、「たくさんの部下・後輩を見てきた中で、とくに意識していたことや、気にしていたことはありますか？」「部下・後輩に接する際、絶対に欠かさなかったことはありますか？」といった具合です。自分にも使えそうな方法なら、今までなかった「引き出し」が増えることになります。

　そのほか、自分が育てた部下・後輩に直接、感想を聞くのもひとつの手です。たとえば、部下・後輩が部署を異動することになり、「今までお世話になりました」「〇〇さんの下で働き、本当に勉強になりました」と挨拶に来てくれたとしましょう。その際に「こちらこそありがとう」「ちなみに、どんなところが勉強になったの？」と聞いてしまうのです。すると、自分では気づかないような勝ちパターンを、部下・後輩が教えてくれることがあります。
　参考までに、私が部下・後輩に接する際に心がけている言動の中から、簡単に真似しやすいものをお伝えします。それは、

褒める時も、叱る時も「なるべく固有名詞を入れる」です。

> **固有名詞を入れるだけで印象が変わる**
>
> ✖ **悪い例**
> 「最近のお客様対応、いい感じじゃない？」
>
> ⭕ **固有名詞を入れると…**
> 「××産業さん、急な連絡だったのにもかかわらず、△△さんは簡単な提案書を持って行ったんだってね。そういうの、先方はすごくうれしいと思うよ」

　会話に固有名詞を含めるだけで、「どの部分がよかったのか」が伝わりやすくなります。

　それに、固有名詞を使うためには、日頃から部下・後輩の話をよく聞いたり、日報などをチェックしたりして、状況を把握しなければいけません。「固有名詞を言える」＝「あなたの仕事ぶりをきちんと知っていますよ」というメッセージにもなるのです。

　勝ちパターンは人によって異なります。本書でお伝えした33項目をたくさん試し、掛け合わせて、みなさんのオリジナルの成功法則を見つけていってください。最初の年には、勝ちパターンが少なくても、２年、３年と、年次が上がるにつれて、その数は増えていきます。成功法則をひとつ身につけるたびに、上司・先輩としてのレベルも上がっていきます。そのたびに、この本の主題である「部下・後輩から信頼される人」に近づいていくでしょう。

コツ **33**

残念な 上司・先輩 ❌

場当たり的に、部下・後輩を
指導してしまっている

信頼される 上司・先輩

○ 部下・後輩の育成について、
再現性を持たせている

○ 成功法則を生み出すために、
過去の経験や感想を尋ねる

○ 毎年部下・後輩を育てるたびに、
レベルアップしている

おわりに

最後にみなさんへ伝えたいこと

　ここまで、33項目にわたって、部下・後輩の育成方法を述べてきた私ですが、社会人になって最初のころは、決してよい上司・先輩とは言い切れませんでした。
「依頼編」の「依頼事項を一方的に回収しない」でお話ししたように、初めて後輩ができたころは、散々でした。入社間もない後輩に「これくらいならできるだろう」と、自分基準のまま仕事を割り振ったり、それができていなければ、一方的に仕事を引きとったりと、本書で言う「残念な上司・先輩」の行いを繰り返していました。もちろん、当時の私なりには、一生懸命に対応していたつもりではありますが、今改めて振り返ってみると「悪いことをしたなぁ」と思います。

　そんな私が変わりはじめたのは、独立してからです。26歳で会社を立ち上げてから、6年ほどは社員を雇わず、1人で会社を切り盛りしていました。
　社員がいないということは、営業や研修・採用支援といった会社の事業にかかわる業務はもちろん、事務関係もす

おわりに

べて1人でこなすことになります。会社員時代は、経理の方が担ってくれていた請求書の発行も自身で行い、得意先から入金がなかったら「すみません、まだご入金いただいていないのですが…」とお電話することもありました。前職にいたころ、私はそれなりの成果を出してはいましたが、私が業務を遂行できたのは、いろんな人のバックアップがあったからだと、ようやく身をもって実感したのです。

　前職に勤めていた時は、入社2年目、3年目と年次が上がるたびに後輩が増え、自分の仕事を手伝ってくれる人がいるのも、ごく当たり前のことでした。けれども、独立してから6年の間に「後輩がいることは、とても恵まれたこと」だと知ることができました。

　それからしばらくして、31歳の時に初めて社員を雇用することになりました。「はじめに」でもお伝えしたように、1人目の社員から新卒での採用です。

　私1人の会社に来てもらうことになるので、内定を出す際、彼に「何か気になることはありますか？」と尋ねました。彼からは「私は大丈夫なのですが、母が心配していて…」という答えが返ってきました。その時、私はよい解決策が思い浮かばず、「それじゃあ、お母様に会いに行こう」と、茨城県のご実家に一緒に伺うことにしたのです。

当日は、お母様と、お父様もいらっしゃいました。家庭訪問のような雰囲気の中、私は「ぜひ、息子さんに当社で働いていただけたらと考えています」と、自分の思いを伝えました。私の中では、彼に入社してもらうことは「何も問題のないこと」だと思っていました。
　しかし、その後のお母様の言葉に、私はハッとさせられたのです。
「あの…息子は、社会保険には入れてもらえるのでしょうか？」
　たしかに、世の中には、会社が社会保険料を負担したくないがために、社員を社会保険に加入させない企業もあります。けれども、私は、社員には健康保険をはじめ、厚生年金保険など、当然加入してもらうつもりでした。
　一方で、お母様からすれば、「大学まで卒業させた息子が、31歳の若者が1人で経営している、名前も知らない会社に入社しようとしている」という事実しかありません。自分なりに、懸命に事業規模を大きくしてきたつもりでしたが、「そうか、そうだよな」と、冷静に現実を見つめ直すきっかけにもなりました。念のため、お伝えしておくと、その後、彼はご両親もご納得のうえで入社し、そして17年経った今ではわが社の幹部社員です。

おわりに

　それからは、正社員を採用するたびに、ご自宅へ挨拶に行くようにしました。一番遠いところで、鳥取県まで足を運んだこともあります。近年は、会社の雰囲気を見てもらったほうがよいと考え、ご両親に会社見学へお越しいただくよう、お願いをしています。

　そのため、私はほとんどの社員のご両親を知っています。お父様やお母様に、入社をご承諾いただいた際、「うちの子、出来はイマイチですが、悪いやつではないんです」「どうか、よろしくお願いします」と頭を下げられることもあります。そのような姿を目の当たりにしては、過去の私のように、後輩から一方的に仕事を引き上げ、「もう、いいよ」「後は私が引き受けるから」と言い放つなんて、絶対にできません。指導のため、厳しいことを言う時もありますが、その時にはご両親の顔が頭に浮かびます。

　そう考えますと、社員のご両親のおかげで、実は私が「上司・先輩」として育てられていたんだなと、今でも事あるごとに感じています。

　また、唯一無二のくりーむパンで全国的にも有名な株式会社八天堂において、微力ながら私が社外取締役を務めさせて頂いた経験も、非常に大きかったです。
「人を大切にする三方よし経営」に本気で取り組まれてい

る株式会社八天堂の森光孝雅社長を、採用・育成に携わる立場から15年以上見てきたことで、「人を育てること」「人を大切にすること」を実際の企業経営上で学ばせて頂きました。

　株式会社八天堂の森光孝雅社長には、この場を借りまして改めて感謝いたします。

　最後に、みなさんは、社員の退職理由でもっとも多いものは何か、ご存じですか？　それは「人間関係」です。

　入社理由は、「憧れの職業」「給与が高い」「休みが多い」など、人によってさまざまです。しかし、退職理由は新卒・中途問わず「上司と合わない」「職場の雰囲気が悪い」など、人間関係に起因します。

　私は、上司・先輩によって、職場の雰囲気は変えられると思っています。そして、信頼される上司・先輩が増えたら、部下・後輩が成長するだけでなく、会社全体がよくなっていくと考えています。

　この本をきっかけに、そんな職場環境が増えていったら、採用・育成に携わる者として、これ以上うれしいことはありません。

　　　　　　　　株式会社シンミドウ　代表取締役　笹田知弘

[著者略歴]

笹田知弘（ささだ・ともひろ）

株式会社シンミドウ 代表取締役

埼玉県生まれ。株式会社日本経営勤務を経て、2001年にシンミドウの前身となる有限会社笹田経営を創業。2008年に現在の株式会社シンミドウを設立し代表に就任。2019年より株式会社八天堂の社外取締役も兼務する。

社員研修や採用支援に20年以上携わり、未経験者を即戦力化する新入社員研修や、新入社員を活躍させる先輩・上司研修、採用難易度が高い地域・業種での採用支援など、実績多数。

とくに新卒学生の採用から育成までを一貫して行う環境づくりを得意とし、学生と企業の双方にとってよい就職・採用の実現を目指して取り組んでいる。

またシンミドウ独自の新たな手法は、社員採用システム、ロールプレイング研修システム、内定辞退防止システムとして、それぞれ特許庁からビジネスモデル特許を取得している。

著書として『入社1年目 上手くいく人へ成長するコツ33』（小社刊）がある。

部下・後輩から信頼される人へ成長するコツ33

2024年12月1日　初版発行

著　者	笹田知弘
発行者	小早川幸一郎
発　行	株式会社クロスメディア・パブリッシング 〒151-0051 東京都渋谷区千駄ヶ谷4-20-3 東栄神宮外苑ビル https://www.cm-publishing.co.jp ◎本の内容に関するお問い合わせ先：TEL(03)5413-3140／FAX(03)5413-3141
発　売	株式会社インプレス 〒101-0051 東京都千代田区神田神保町一丁目105番地 ◎乱丁本・落丁本などのお問い合わせ先：FAX(03)6837-5023 service@impress.co.jp ※古書店で購入されたものについてはお取り替えできません
印刷・製本	株式会社シナノ

©2024 Tomohiro Sasada, Printed in Japan　　ISBN978-4-295-41038-6　　C2034